LETTRE

À

L'EMPEREUR ALEXANDRE

SUR

LA TRAITE DES NOIRS;

PAR

WILLIAM WILBERFORCE,

MEMBRE DU PARLEMENT BRITANNIQUE.

Londres,

IMPRIMÉ PAR G. SCHULZE,

No. 13, POLAND STREET, OXFORD STREET.

1822.

LETTRE
À
L'EMPEREUR ALEXANDRE.

SIRE !

LORSQUE Votre Majesté apposait son nom à la mémorable déclaration promulguée, au sujet de la Traite des Noirs, par les Souverains assemblés au Congrès de Vienne, ce n'était pas pour se conformer à des actes diplomatiques que commandaient les circonstances : elle croyait, j'en suis convaincu, remplir un devoir solennel et sacré, dicté par les motifs les plus puissans de la morale et de la religion. Ce n'était point, j'en ai l'intime conviction, un vain mot dans la bouche de Votre Majesté, lorsqu'elle déclarait, de concert avec ses Puissans Alliés, s'acquitter d'un devoir pressant et impérieux. Cette conviction, je la tire de l'assurance gracieuse que daigna me donner Votre Majesté, lors de son séjour dans ce pays, de son zèle pour la grande cause de l'Abolition du Commerce des Esclaves ; je la tire, surtout, de son respect pour les lois de Dieu et pour l'espèce humaine. Quoi qu'il en soit, des sentimens qui ont pu diriger quelques-uns des signataires de cette fameuse déclaration,

Votre Majesté se rappellera qu'une sentence solennelle de condamnation fut, alors, unanimement prononcée contre ce système cruel et abominable qui, sous le nom de Traite des Noirs, a long-temps désolé le continent africain, et qui, sans parler des horreurs qu'il a entraînées à sa suite, a contribué, avec un si déplorable succès, à perpétuer l'ignorance et la barbarie de près d'un tiers du globe habitable.

Votre Majesté se rappellera également que la sentence prononcée à Vienne, fut prononcée de nouveau et confirmée à Aix-la-Chapelle. Plus d'une fois, sans doute, les regards de Votre Majesté se sont reportés, avec une bien douce satisfaction, vers cette partie des opérations du Congrès, comme vers l'une de ces circonstances si rares, mais si chères au cœur d'un Monarque chrétien, où l'autorité souveraine se voit investie du doux pouvoir de satisfaire et de surpasser, même, les vœux de la plus ardente et de la plus exigeante philantropie. Dans la pensée que vous aviez complетté la somme de bienfaits que vous étiez appelé à répandre sur l'Afrique, vous avez cru que vous pouviez enfin détourner vos regards de cette partie du monde, et reporter votre attention vers de nouveaux champs de bienfaisance et d'humanité. Votre Majesté s'attend que les rapports qui lui parviendront de l'Afrique, lui apporteront la consolante nouvelle que ses nobles efforts ont été couronnés de succès, et que les bienfaits semés par ses mains généreuses sur ces malheureux rivages, ont produit une moisson abondante et fortunée, dans l'intérêt de la civilisation et de la félicité sociale.

Hélas! pourquoi faut-il que je dissipe ces honorables illusions d'un Monarque philantrope! Pourquoi faut-il que, par un pénible récit, j'afflige son cœur paternel! Sire! Préparez-vous à apprendre que toutes les abominables horreurs dont l'Afrique avait été, si long-temps, le sanglant théâtre, et auxquelles vous avez cru avoir mis fin pour toujours, se renouvellent, aujourd'hui, avec plus de fureur et d'activité que jamais. Dans le récit que vous allez entendre, l'étonnemeut se joindra à l'horreur.

Et quel plus juste sujet d'étonnement que celui que nous offre la conduite de certains gouvernemens européens? Et en effet, si l'on pouvait craindre que quelque gouvernement persistât à jeter un regard avide sur les coupables gains de la Traite des Noirs, les craintes devaient naturellement se porter sur ceux dont les sujets, depuis long-temps engagés dans ce commerce homicide, auraient pu essayer de reculer l'époque de son abolition, afin de mettre ordre à leurs affaires, et de s'indemniser des pertes qu'allait leur causer cette grande mesure. On pouvait encore appréhender les peuples qu'une longue habitude de cet infâme commerce avait pu rendre insensibles aux horreurs qui l'accompagnent, ou ceux à qui leurs habitudes commerciales pouvaient avoir appris à ne juger d'un acte de spéculation, que sur les gains ou les pertes qui en résultent. Mais Votre Majesté ne pouvait s'attendre que des gouvernemens qui, jusqu'alors, étaient restés étrangers à la Traite, fermeraient les yeux sur les tentatives criminelles faites, à cet égard, pour la première fois, par leurs sujets respectifs. Aujourd'hui, surtout, que l'horreur et les cruautés de ce commerce ont été dénoncées au monde, pouvait-on s'attendre à y voir tremper une nation justement orgueilleuse de la générosité qui fait le signe distinctif de son caractère national ?

Quelque pénible que soit cette assertion, elle n'est, malheureusement, que trop fondée. Nos regards vont encore être affligés et nos cœurs contristés, de nouveau, par le spectacle des fraudes et des barbaries dont nous croyions avoir vu, pour jamais l'humanité affranchie.

Il n'est pas nécessaire de mettre, de nouveau, sous les yeux de Votre Majesté, le détail de toutes les horreurs comprises dans ce seul mot de Traite des Noirs. Plût à Dieu que je pusse épargner à Votre Majesté la répétition pénible de ces horribles récits ! Sans doute, ces détails, une fois imprimés dans la mémoire de l'homme sensible, ne peuvent plus s'en effacer ; et si je ne considérais ici que ce qui a rapport à Votre Majesté, je me contenterais de lui dire que toutes les anciennes abominations dont elle a déjà eu connaissance, n'ont subi aucune dimunition, et, tout au contraire, se reproduisent avec une nouvelle violènce, et avec des effets plus funestes que jamais.

Mais ce serait se tromper étrangement que de croire que le véritable caractère de la Traite et ses suites inévitables, sont universellement appréciés. Les débats mémorables qui se sont élevés, au sujet de la Traite, dans la Grande-Bretagne, les ouvrages lumineux qui ont été publiés sur ce sujet, ont rendu cette grande cause familière à tous les habitans des îles Britanniques ; mais, sur le continent, et spécialement chez les nations auxquelles nous avons fait allusion plus haut, on ne saurait en dire autant. Dans ces pays, les particularités relatives au commerce homicide des esclaves, sont inconnues même aux classes éclairées et aux individus les plus remarquables par leurs talens, leur influence et leurs lumières. L'ignorance où l'on est encore sur cette grande question dans ces pays, peut seule faire excuser l'indifférence avec laquelle on l'envisage. Il faut donc revenir, de nouveau, sur les détails de ce pénible sujet. C'est ce que je vais faire d'une manière briève et sommaire. Il faut que, désormais, à tort ou à raison, nul ne puisse plus arguer du motif d'ignorance. Il faut que ce motif ne puisse plus être apporté pour excuse par ces hommes qui, engagés dans de coupables spéculations, ou intéressés à protéger les spéculations des autres et à servir leurs criminels projets, n'out pas honte de se livrer à un commerce affreux qui déshonore le pays qui le tolère. S'ils continuent à se rendre criminels, ce sera, du moins, avec connaissance de cause, et l'histoire consignera leurs crimes dans ses pages inexorables.

Sans doute, c'est un avantage pour la Grande-Bretagne, que, parmi tous ceux de ses habitans qui ont pu entendre parler de la Traite, il n'en est pas un qui ignore la véritable nature de ce barbare commerce. Tous les subterfuges, tous les palliatifs, tous les mensonges ténébreux sous lesquels on avait voulu voiler ou défigurer les faits, ont été dissipés, et aujourd'hui ces faits sont établis d'une manière indéniable.

Mais, avant même que d'irrécusables témoignages fussent venus les appuyer de tout le poids de la plus complette évidence, il n'y avait, parmi nous, aucun esprit de bonne foi qui doutât de la vérité de ces faits. Il n'était pas nécessaire de dépositions légales, pour prouver les effets naturels et inévitables d'un commerce de chair humaine, particulièrement dans un pays, comme l'Afrique, divisé en un grand nombre de petites souverainetés, et plongé encore dans les ténèbres de l'ignorance et de la barbarie. Supposons qu'il existe un pays où des hommes, des femmes et des enfans sont échangés, non seulement contre les choses nécessaires à la vie, ou contre des objets de peu de valeur, mais encore contre des liqueurs spiritueuses, contre de la poudre et des armes à feu ; tenez pour certain que ce pays doit être en proie à toute espèce de crimes, de pillages, de fraudes et de violences. Le chef d'une peuplade attaquera et ravagera le territoire du chef voisin. S'il se trouve trop faible pour attaquer ses voisins, sa fureur et son avidité retomberont sur les sujets placés sous sa garde et à l'abri de sa protection. Mais ces effets homicides et destructeurs ne se borneront point aux chefs : on verra se reproduire dans chaque individu les passions, les désirs coupables et la méchanceté de la nature humaine. Le résultat est inévitable et facile à deviner. La méfiance partout ; la sécurité nulle part ; l'homme redoute un ennemi dans l'homme ; le plus fort dévore le plus faible, et bientôt la société ne présente plus qu'une vaste scène ou règnent l'anarchie, le brigandage et la terreur.

Les preuves et les faits viennent, en foule, confirmer ces données fondées sur la connaissance de la nature humaine. Il a été établi, par d'irrécusables témoignages, que ce détestable commerce a fondé ses principales ressources dans les guerres ou excitées par les Européens, ou entreprises par les naturels du pays, à l'effet de faire des esclaves. Ces guerres ne manquent pas d'enfanter des représailles. De là d'interminables dissentions ; de là un esprit d'hostilité et de vengeance, transmis entre les chefs, de génération en génération. En outre, il est prouvé que les esclaves qu'on se procure sont le résultat de déprédations exécutées par les petits souverains contre leurs propres sujets, lorsqu'ils sont trop faibles ou trop lâches pour attaquer leurs voisins : quelquefois ils saisissent indifféremment les premiers venus, qu'ils réduisent en esclavage ; d'autrefois, on met, pendant la nuit, le feu à un village, et lorsque les habitans effrayés et à demi nuds s'arrachent de leurs toits embrasés, c'est alors qu'on les saisit et qu'on leur donne des fers.

La Traite est entretenue par des déprédations et des brigandages de toute espèce, depuis la troupe plus ou moins nombreuse qui attaque un village sans défense, ou une famille désarmée, jusqu'à l'individu qui se cache dans quelqu'endroit écarté, pour attendre, comme un tigre fait sa proie, une femme ou un enfant que le hasard aura conduit vers lui et dont il fera son esclave. Ce qui alimente surtout la Traite, c'est le *Panyar*. Cet acte devenu si fréquent, qu'on a été obligé de le désigner par un nom spécial, consiste à enlever des Noirs de toute tribu, de tout rang, de toute profession, de tout sexe et de tout âge, sans aucune distinction. Ces actes abominables sont, pour l'ordinaire, exécutés par les marchands noirs qui voyagent dans l'intérieur de l'Afrique pour le service des Européens ; quelquefois par les capitaines et matelots européens eux-mêmes. L'arrivée d'un navire négrier sur la côte, est le signal immédiat de toute espèce de fraude et de rapine. Ainsi, ce n'est pas seulement de tribu à tribu, de village à village que règnent la méfiance et la terreur. Il n'arrive que trop souvent que, dans un accès d'emportement, de colère ou de jalousie, un mari vend sa femme, un père ses enfans, un maître ses domestiques ; c'est vainement qu'ils font ensuite des vœux pour recouvrer ces êtres chéris.

Enfin, la Traite trouve aussi une ressource abondante dans la corruption de la justice pénale, l'esclavage étant la punition de presque tous les délits, et même des fautes les plus légères. Plus souvent c'est la punition de crimes imaginaires, tels que la magie, l'accusation de magie servant de prétexte ordinaire pour réduire un homme en esclavage, et, quelquefois même, pour faire partager le même sort à toute sa famille.

Il est aisé de concevoir la condition déplorable à laquelle tant d'atrocités ont dû, nécessairement, réduire tous les pays de l'Afrique qui bordent l'océan. Le manque absolu de toute sécurité individuelle, de toute confiance mutuelle, de tout bonheur domestique ; le développement des passions les plus viles du cœur humain, la méchanceté, la fourberie, la cruauté, la haine, la vengeance, en ont été les résultats naturels. Ce n'est pas tout. Il est prouvé, d'une manière incontestable, que les institutions religieuses et civiles de l'Afrique ont été graduellement perverties et façonnées à l'usage de la Traite, de manière à fournir incessamment de victimes humaines les marchés d'esclaves. Les superstitions du pays, qui avaient souvent cédé à la faible lumière du mahométisme, loin d'être discréditées et combattues par les marchands négriers d'Europe, ont été entretenues avec soin, et ont fourni une source abondante à la Traite. L'administration de la justice a éprouvé les mêmes atteintes et a subi la même influence. Les historiens nous apprennent que les lois criminelles de l'Afrique étaient extrêmement douces ; mais, insensiblement, tous les délits, mêmes les plus légers, ont été punis de l'esclavage : le juge a sa part de la vente du condamné : le créancier, faute de payement a le droit de vendre comme esclave son débiteur : s'il ne peut s'emparer de sa personne, il vend l'un de ses parens ; à défaut de parens, il s'empare d'un habitant de la même ville, ou de la même nation que son débiteur, et le vend comme esclave.

En outre, les capitaines des navires négriers confient des marchandises à des facteurs Noirs qui les transportent dans l'intérieur des terres, et qui doiventrevenir avec un nombre déterminé d'esclaves. Cependant ils ont soin de se faire remettre par le facteur, plusieurs de ses enfans, ou d'autres membres de sa famille, qui doivent répondre pour la valeur des marchandises confiées. Cela s'appelle des gages, en langue africaine *Pawns*. Alors les facteurs commencent leur tournée, pour exécuter les termes du contrat. Mais il arrive souvent qu'ils sont frustrés dans leur attente, et que le pays sur lequel ils comptaient pour se fournir d'esclaves, trompe les espérances qu'ils avaient conçues. Cependant le capitaine négrier devient pressant, le navire est prêt à mettre à la voile ; d'une manière ou d'une autre, il faut que le malheureux fournisse le nombre d'esclaves qu'il est convenu de fournir, s'il ne veut voir ses parens emmenés en esclavage. Ainsi, grâce à l'influence coupable de la Traite, les affections domestiques et sociales, les liens même du sang et tous les sentimens les plus chers à la nature, deviennent des stimulans au brigandage et à la déprédation. Ainsi l'amour des parens, cette colonne de l'édifice social, sur laquelle sont fondés la sécurité et le bonheur de la grande famille des hommes, la Traite le change en instrument de cruauté et d'oppression. Tels sont les faits particuliers relatifs au fléau de la Traite. C'est dans l'histoire des Indes Occidentales par Mr. Bryan Edwards, qu'il faut lire le tableau général de la Traite, dans toute sa hideuse horreur. Quoique planteur et partisan de la Traite, il a eu la franchise de convenir, que, grâce à ce fléau, une grande partie du continent africain n'est qu'un vaste champ de carnage et de désolation, un désert où les habitans s'entre-dévorent comme des bêtes féroces, un théâtre de trahison, de fraude, d'oppression et de sang. C'est ainsi que la Traite a été appelée par l'un des premiers hommes d'Etat de la Grande-Bretagne, " le plus grand fléau qui " ait jamais affligé la race humaine." Cependant nous pourrions en dire davantage encore que nous n'en avons dit.

Après cette longue énumération d'horreurs et de crimes, on doit supposer que nous en avons épuisé la liste ; mais il nous reste à mentionner le plus grand de tous ces maux, parce qu'il est la source de tous les autres. A quelque degré d'horreur que s'élèvent tant d'atrocités, quelle que soit l'étendue de leurs ravages, si l'on pouvait du moins prévoir un terme à tant de maux, quelque reculé que fût ce terme, ce serait un motif de consolation. Ah ! si, du moins, on pouvait espérer que les principes et les mœurs d'Europe pussent pénétrer dans l'Afrique à la faveur des communications de la population africaine avec les nations européennes ; si l'on pouvait espérer de voir un jour l'influence de la civilisation et, surtout, la bienfaisante lumière du christianisme, briller dans ces régions couvertes des ténèbres de l'ignorance ; si l'ordre et les lois, marchant à la suite des lumières et de la religion, pouvaient remplacer, sur ces tristes rivages, le brigandage et la terreur ! Mais hélas ! c'est là l'un des caractères les plus déplorables de cette Traite si féconde en calamités, qu'elle se suffit à elle-même pour se perpétuer d'une génération à l'autre, et qu'elle trouve dans sa domination présente le gage de sa domination future. C'est à l'abri des lois que grandit la civilisation. Là où la sécurité n'existe ni pour les personnes, ni pour les propriétés, il n'y a point de civilisation possible. Mais l'Afrique, qu'est-ce autre chose qu'un vaste théâtre de trahison, de terreur et d'anarchie ? Cet horrible système de crime et de brigandage, que, par un déplorable abus des mots, on a osé appeler un commerce, maintient, dans un état permanent d'inquiétudes et d'alarmes, le pays où il exerce sa coupable influence. Ce n'est que dans la partie des côtes, le long des rivages de l'océan, que l'enfant de l'Afrique peut communiquer avec les peuples plus avancés que lui dans la carrière de la civilisation : c'est là précisément que la Traite a établi son trône sanglant ; c'est là qu'elle a élevé un mur d'airain pour intercepter tous les progrès de l'esprit humain, tous les rayons de la morale et de la religion. C'est ainsi qu'elle a mis un embargo sur la civilisation africaine, et a relegué ce vaste continent dans une prison de dégradation et d'ignorance.

De là un phénomène étrange et qui ne s'était point encore présenté dans les annales du genre humain. Nous y verrons peut-être la plus forte preuve des effets dévastateurs de ce commerce homicide. Si nous suivons, avec attention, les progrès du genre humain s'élevant d'un état d'ignorance et de barbarie à un état de lumière et de civilisation, nous trouverons, et cette observation est générale, nous trouverons que c'est sur les bords des rivières, et sur les côtes de la mer, qui, par leur position géographique, offraient plus de moyens de contact avec les étrangers, que la civilisation a poussé ses premières racines. Ainsi, l'ordre civil, la science sociale, l'agriculture, l'industrie, les sciences et les arts, ont fleuri, d'abord, sur les côtes, et c'est de là que les connaissances et les lumières se sont répandues dans l'intérieur. Malheureusement, le contraire a eu lieu à l'égard de l'Afrique. Là, les habitans des côtes, qui, depuis long-temps, communiquent avec les nations les plus policées de l'Europe, sont dans un état complet d'ignorance et de barbarie. Il est vrai qu'ils consomment les articles de nos manufactures; mais c'est là tout l'avantage qu'ils ont retiré de notre commerce: nous ne leur avons communiqué d'autre connaissance que celle de nos crimes. Au contraire, les habitans de l'intérieur des terres, n'ayant jamais vu le visage d'aucun Européen, sont beaucoup plus avancés dans tout ce qui concerne l'ordre public, la sécurité personnelle, le bonheur et les avantages de la vie sociale.

Ce n'est pas que la Traite n'ait étendu dans l'intérieur de l'Afrique sa funeste influence; ce n'est pas qu'elle n'y ait inoculé ce génie de la destruction et de la barbarie qui fait son caractère distinctif et qui la range parmi les plus épouvantables fléaux qui aient jamais désolé le monde. Mais, c'est surtout sur les côtes que la Traite a développé toute la puissance de sa criminelle énergie. Là, tous les pays soumis à sa fatale domination n'offrent plus qu'un vaste théâtre d'anarchie d'où la sécurité est à jamais bannie. Bien loin d'avoir importé chez les malheureux Africains des côtes, les progrès et les arts de la civilisation, la Traite ne leur a communiqué que nos vices. Elle les a, pour ainsi dire, scellés de son sceau et condamnés à une condition incurable de barbarie et d'ignorance. C'est là surtout, comme nous n'avons jamais cessé de le proclamer, c'est là, de toutes les conséquences de la Traite, la plus importante et la plus grave. Au jour du jugement, n'en doutons pas, le Suprême Arbitre du monde fera rendre un compte sévère et rigoureux à ces coupables Européens qui n'ont fait servir la civilisation et les lumières qu'à avilir et à démoraliser l'homme, ce sublime ouvrage du Créateur.

Nous croyons que l'Afrique a épuisé enfin la coupe des douleurs : une coupe mille fois plus amère encore est préparée pour les malheureux Africains que les navires de l'Europe entraînent loin de cette terre de malédiction. Je veux parler des souffrances et des horreurs sans nombre, qui marquent le passage d'Afrique aux Indes Occidentales. Tel est le nombre de ces souffrances multipliées, telle est leur nature humiliante et déchirante, tout ensemble, que la première fois où le regard du public pût pénétrer dans l'intérieur de ces prisons flottantes, une incrédulité générale se manifesta : on ne pouvait croire que l'humanité pût supporter tant de douleurs horribles. Il semble, en effet, que le génie du crime ait épuisé son épouvantable science, pour trouver les moyens d'entasser le plus d'hommes possibles, dans l'espace le plus resserré.

Figurez-vous un navire rempli, dans toute son étendue, de malheureux Africains qui montent dans un navire pour la première fois ; les hommes, et ce sont eux qui composent la majeure partie de la cargaison, attachés deux à deux, les fers aux pieds, pour la sûreté de l'équipage ; ces deux hommes, fréquemment différant de nation et de langage ; et, pour surcroît de précaution, des chaînes ajoutées aux fers de ces infortunés, lorsqu'on les amène, un moment, respirer sur le pont ; qu'on se représente le pont du navire, la cale, et les étages intermédiaires pratiqués en plate-formes, complettement couverts de corps humains ; ces malheureux, se touchant l'un l'autre, incapables de changer de position, ni de faire le moindre mouvement, les membres déchirés par le frottement des planches du navire, ou écorchés par la pression de leurs fers !.... Qu'on se figure avec quelle effrayante rapidité les épidémies doivent se répandre parmi tant de victimes entassées.... Je m'arrête !.... qu'il me suffise d'ajouter que les horreurs dont les navires négriers offrent le tableau sont telles, que la plume répugne à les décrire, bien que l'avidité négrière ne répugne pas à les infliger à ses malheureuses victimes. Les chirurgiens de navire qui ont été témoins occulaires de ces scènes affreuses, assurent tous qu'il est impossible de supporter la chaleur et l'infection qui s'exhalent de ces prisons fétides. Quand le mauvais temps oblige de fermer les écoutilles et de renfermer les Noirs à fond de cale, il n'est pas rare d'en voir expirer de suffocation. Au contraire, le temps permet-il de les faire monter sur le pont ? De nouveaux supplices les attendent : c'est un faible soulagement où la cruauté même ne manque pas d'entrer. Le mal de mer, les peines de l'esprit, en voilà plus qu'il ne faut pour empêcher de prendre de la nourriture et de l'exercice : mais l'exercice et la nourriture sont indispensables à l'animal, si l'on veut qu'il paraisse en bon état aux regards des acheteurs. Et qu'est-ce autre chose qu'un Noir aux yeux d'un négrier, si non une bête de somme dont il veut se défaire avec bénéfice ? Ils n'ont pas faim ; ils mangeront de force. Il leur faut de l'exercice ; ils ne sont pas disposés à en prendre ; ils en prendront malgré eux : on fera danser ces infortunés avec le poids de leurs fers, et les coups redoublés d'un fouet inhumain hâteront et précipiteront cette horrible cadence !.... O comble d'horreur !.... Ces indignes outrages, on les prodigue à tous sans distinction ! La sensibilité et le courage doivent subir l'humiliation commune ! Ces traitemens barbares, on les inflige même à des hommes éclairés et instruits ! M. Parke nous apprend que, dans le navire sur lequel il faisait voile de la Gambie aux Indes Occidentales, sur 130 esclaves qui composaient la cargaison, car il faut bien nous servir de ce terme, quelque déshonorante que soit ici son acception, il y en avait 25 qui savaient écrire en langue arabe !....

Si nous pouvions, un instant, mettre en doute la cruauté et l'excès des souffrances qu'endurent ces infortunés, nous en trouverions une preuve irrécusable dans ce fait étonnant que, parmi les objets qui entrent dans l'équippement d'un navire négrier, est un vaste filet de bastinguage qui s'élève, de chaque côté du pont, pour empêcher les esclaves de se jeter à la mer. Cette précaution est souvent inutile : on a de nombreux exemples d'esclaves qui se sont détruits de cette manière. On en a vu s'applaudir, en mourant, d'échapper, par la mort, au pouvoir de leurs bourreaux. On en a vu d'autres refuser constamment toute nourriture, malgré les moyens de douceur ou de force employés en cette occasion. On s'appitoye sur des souffrances ordinaires et communes : quelles émotions déchirantes ne doit pas exciter le tableau des horreurs que nous venons de présenter, et auxquelles on chercherait vainement des objets de comparaison ! On n'a pas oublié l'étonnement et l'horreur universelle qui se manifestèrent, lorsqu'aux yeux du Parlement Britannique furent présentées, pour la première fois, les abominations d'un navire négrier. Et, cependant, ce navire, et tous ceux de la même espèce qui existaient alors, appartenaient à des hommes qui avaient puisé, dans une longue habitude de la Traite, les moyens les plus propres à s'assurer le succès de leur coupable négoce, et à transporter les esclaves au lieu de leur destination, avec le moins de dommage possible dans cette cargaison humaine. Les effets de la Traite sont bien plus horribles aujourd'hui que son exercice est confié à des hommes qui, n'ayant pas vieilli dans cet abominable commerce, le font avec une inhabileté cruelle, et ne sont qu'imparfaitement initiés aux perfectionnemens suggérés par l'avidité à leurs criminels devanciers. Toutefois, c'est une justice qu'on doit leur rendre ; ils ne sont pas restés en arrière dans ce qui fait le fondement et le principal ressort de leur commerce ; ils se sont singulièrement perfectionnés, je dirai presque qu'ils ont passé leurs maîtres, dans cette insatiable soif du gain, dans cette complette insensibilité, cet insultant mépris pour les droits et pour le bonheur de leurs semblables, qui constituent la condition première et indispensable de ce sanglant trafic.

Pardonnez-moi, Sire, d'avoir affligé votre cœur sensible par le récit des atrocités qu'entraîne à sa suite ce détestable système. C'est pour vous un juste sujet de consolation intérieure, de penser que vous avez enfin dénoncé à la chrétienté cette honteuse flétrissure imprimée sur elle ; et le récit que je viens d'offrir à Votre Majesté, ne prouve que trop clairement que le fléau que vous vous êtes solennellement engagé à détruire, n'était pas indigne de votre auguste et puissante intervention.

On présente une objection. " Quelqu'énorme, " dit-on, quelqu'imposante que soit cette masse de " cruautés et de crimes, cependant on ne peut dis- " convenir que plusieurs années se sont écoulées " avant que les abolitionistes anglais eux-mêmes, " pussent réussir à faire abandonner à leurs conci- " toyens, ce commerce illégitime." Il n'est que trop vrai ; bien des obstacles ont entravé notre marche ; nos progrès ont été lents. Et qui le sait mieux que nous qui, d'année en année, avons vu, si long-temps, notre attente déçue et nos espérances trompées ? Cette objection paraît naturelle. Cependant on aurait tort d'en faire un grief contre nous ; on aurait tort de s'étayer des lenteurs qu'a éprouvées l'abolition britannique, pour traiter d'irraisonnable le zèle que nous mettons à provoquer, sans délai, cette abolition de la part des autres peuples. L'objection est donc injuste ; mais comme elle ne laisse pas d'exercer une grande influence dans la question, il n'est pas inutile de considérer les causes de ces lenteurs qu'on nous reproche. Ne fût-ce que pour rendre justice à la nation britannique, cet examen serait encore utile.

Et d'abord, il importe de prendre en considération l'état des choses au moment où nous commençâmes nos opérations. On a dit souvent, et avec raison, que l'habitude est une seconde nature : or, qu'on n'oublie pas que, durant deux siècles, la Traite avait été exercée sans interruption, sans obstacle et sans qu'il fût venu à personne l'idée de mettre en doute sa légalité. On ignorait la nature et les effets de ce trafic barbare. La croyance générale était que les Noirs étaient des êtres d'une nature inférieure à l'homme, et que l'homme pouvait, comme les autres animaux, les employer à ses besoins. On oubliait que le commerce de chair humaine n'avait pas commencé en Afrique où on eût pu, jusqu'à un certain point, le considérer comme un résultat naturel de l'apparente infériorité des peuples qui habitent ce vaste continent. On oubliait que des pays devenus depuis le séjour de la civilisation et de la philosophie, n'étaient anciennement habités que par une population sauvage, nue et barbare, au sein de laquelle des pirates riches et puissans venaient saisir et acheter des esclaves. On dira que ces choses avaient lieu avant que la céleste lumière du christianisme n'apparût aux yeux des hommes. Mais, long-temps après l'ère chrétienne, la Grande-Bretagne elle-même peut être citée en preuve de la vérité de cette assertion. La Grande-Bretagne avait fourni des marchés d'esclaves, et ces esclaves étaient achetés par les habitans les plus riches et les plus éclairés de l'Irlande, qui finirent par abandonner ce commerce comme coupable et inhumain, et comme devant attirer sur leur pays les châtimens du ciel. L'honneur de cette abolition de la Traite d'Angleterre, est dû, principalement, au zèle et aux vertueux efforts de St. Wolstan. Elle eut lieu en 1171.*

A l'époque où les modernes abolitionistes commencèrent le cours de leurs opérations contre la Traite des Noirs, cette Traite était généralement inconnue et dans sa nature et dans ses effets. Les hommes d'Etat les plus célèbres de la Grande Bretagne, n'avaient pas fait difficulté, dans des traités solennels, de stipuler, pour leurs concitoyens, le droit de faire la Traite. Des hommes du caractère le plus honorable, connus par leur humanité et leurs principes religieux, avaient des capitaux engagés dans ce commerce homicide. Dans de telles circonstances,

* Voyez Guillaume de Malmsbury. Livre II. Chapitre 20. Vie de St. Wolstan, Evêque de Worcester.

faut-il s'étonner que ce ne soit que par degrés que les yeux de la nation britannique ont été ouverts sur la nature véritable de ce déplorable commerce ? Le mal trouvait, dans son énormité même, le moyen et le prétexte de se perpétuer. Des hommes estimables, mais dont l'esprit n'était pas fortement trempé, ne pouvant croire aux crimes que nous dénoncions, nous accusaient d'exagération. D'autres soutenaient qu'il était impossible que tant de cruauté et de scélératesse eussent été souffertes par nos ancêtres, sans être réprimées. Quelques-uns considéraient la Traite comme l'un de ces maux nécessaires et inévitables qui font partie du système du monde, et contre lesquels les hommes ne peuvent rien, pas plus que contre les éruptions d'un volcan, ou les ravages d'un ouragan. Ces hommes oubliaient que trop souvent l'empire de l'habitude a dénaturé les sentimens de l'homme et fait taire sa conscience; ils oubliaient qu'autrefois l'autorité des sages et des hommes de bien a sanctionné des crimes que la morale condamne justement aujourd'hui ; que, par exemple, la destruction des enfans nouveau-nés par les auteurs de leurs jours, crime horrible contre lequel il semblait que la nature eût suffisamment prémuni l'homme, a autrefois prévalu parmi les nations les plus civilisées du globe. Et cela est si vrai, qu'un historien célèbre, grand admirateur des nations payennes, n'a pu s'empêcher d'avouer que le crime d'exposer les enfans nouvean-nés, était devenu, une maladie incurable dans toute l'antiquité.

Enfin, il s'agissait de lever le voile épais qui

couvrait, depuis si long-tems, le continent Africain et les scènes homicides dont il était le théâtre. Bientôt quelques rayons de lumière commencèrent à poindre sur l'horizon. Le ciel voulut qu'à cette époque il se trouvât des hommes qui dirigèrent leurs efforts et leurs recherches vers ce grand objet. Mais, les travaux de ces hommes promettaient, dans l'origine, si peu de résultats, que, lors des premières enquêtes faites par les abolitionistes, les marchands d'esclaves intéressés à prolonger l'ignorance générale, vînrent eux-mêmes apporter leur tribut de lumières, et faire connaître ce qu'ils savaient. Cependant, leurs intérêts menacés sonnèrent bientôt l'alarme. Dès-lors, ils s'efforcèrent d'intercepter la vérité et d'entraver la marche des enquêtes. Mais le trait de lumière qu'on avait vu briller, avait suffi pour éclairer les yeux, et avait révélé au public épouvanté, des horreurs qu'on n'avait jamais soupçonnées. Je n'oublierai jamais l'impression que produisit sur tous les esprits humains et généreux la première exposition de tant de forfaits. Supposez un démon effroyable et horrible, ayant réussi à se revêtir, pour quelque tems, d'une forme humaine, et à se mêler, parmi les hommes, et qui, touché tout-à-coup par la baguette d'un génie, est rendu à sa laideur primitive et à ses hideuses formes : telle parut la Traite des Noirs à tous ceux que leurs préjugés n'empêchèrent pas de reconnaître son véritable caractère. A son premier aspect, elle souleva une exécration générale. Mais cet arbre funeste avait des racines trop profondes, il avait étendu trop loin dans le sol ses innombrables fibres, pour être déraciné subitement par le souffle redoutable de l'indignation publique. On a reproché aux abolitionistes de n'avoir pas mis à profit cette indignation excitée dans la nation britannique, lorsque parut, pour la première fois, dans toute son horreur, le tableau des crimes de la Traite. " La Traite, dit-on, eût été " tout d'un coup supprimée d'enthousiasme et par " acclamation. Dans un pays qui serait constitué " comme les républiques anciennes, et dans les " quel la manifestation de l'opinion publique se- " rait suffisante pour mettre fin aux maux les plu- " invétérés, point de doute que la Traite n'eût été " immédiatement abolie."

Ceux qui font ce reproche aux abolitionistes me paraissent dans une ignorance complette de la constitution anglaise. Ils ignorent que ce qui distingue cette constitution de toutes les autres, ce qui la distingue surtout des républiques célèbres de l'antiquité, c'est le soin minutieux avec lequel, pour le bien général, elle protège les droits et les propriétés des particuliers. Les abolitionistes ne savaient que trop les difficultés et les obstacles jaloux que, d'après ce principe, leur opposeraient les formes parlementaires. Ils savaient les enquêtes scrupuleuses qui devaient avoir lieu, les moyens nombreux mis à la disposition des parties intéressées dans chacun des résultats de cette grande mesure, la facilité qu'avaient ces derniers de récuser les preuves et d'infirmer les témoignages de leurs adversaires, le champ immense qui leur était ouvert pour préparer tous leurs moyens de défense. Ils n'ignoraient pas les nombreux degrés par lesquels devait passer le Bill d'Abolition. Dans la seule Chambre des Communes, ces degrés étaient indispensablement au nombre de sept ou huit, et pouvaient être beaucoup plus nombreux encore. Les mêmes lenteurs, les mêmes obstacles se présentaient à la Chambre des Pairs. A chacun de ces délais nouveaux, nos adversaires pouvaient préparer de nouvelles batteries, mettre toute leur artillerie en campagne et, même avec la certitude de succomber, prolonger long-tems encore la bataille. C'est surtout alors que ces lenteurs et ces délais, devaient être déplorés. Ils retardaient la destruction du fléau dont nous voulions délivrer le monde. Toutefois, gardons-nous d'accuser les institutions. Les choses humaines sont mêlées de bien et de mal. La question que nous agitions alors, sortait du cercle des questions ordinaires : les lois humaines n'avaient pu la prévoir. Lorsque, pour la première fois, des lois furent faites pour garantir les propriétés, qui eût pu prévoir qu'un jour viendrait que des hommes seraient la propriété d'autres hommes qui les vendraient et les exporteraient comme une marchandise ?

Hélas ! aujourd'hui encore, des difficultés de la même nature se présentent. Comme sujets d'états indépendans, les négriers réclament, en leur faveur, le bénéfice de ces principes que les nations civilisées ont établis d'un commun accord, pour la sécurité des droits maritimes et des indépendances nationales. Les négriers demandent qu'on les exempte du droit de visite par d'autres vaisseaux que par ceux de leurs nations respectives. Ils veulent que, témoins de leurs infâmes brigandages, les vaisseaux d'une puissance étrangère, ne puissent les réprimer. Ainsi les institutions sociales sont tournées contre les intérêts même qu'elles devaient protéger! Le mal naît de ce qui ne devait produire que le bien! Ainsi ces principes bienfaisans qu'avait établis la politique des nations pour garantir de toute atteinte la personne et la propriété des individus engagés dans un commerce légal, on les fait servir à assurer l'impunité et à empêcher la répression du brigandage et de l'assassinat!

Nos adversaires mirent à profit tous leurs avantages dans la résistance qu'ils firent à la première attaque des abolitionistes. Ils se retranchèrent derrière les formes parlementaires, et, bien que le fléau que nous attaquions fût, tout ensemble, l'ennemi de Dieu et des hommes, il était de toute impossibilité de terminer la guerre en une seule campagne. Certes, ces d'élais ne sauraient jeter aucune défaveur sur les abolitionistes ou sur le caractère de la nation britannique, surtout si l'on réfléchit que la vraie nature de la Traite venait d'être assignée depuis si peu de tems, et si l'on songe aux forces imposantes qui étaient dirigées contre nous. Nous savions trop combien l'intérêt est habile à pervertir et à aveugler le jugement de l'homme, et ce n'était pas un intérêt méprisable que celui dont l'existence allait être mise en question.

Faites entrer en ligne de compte la valeur des marchandises expédiées annuellement en Afrique pour l'achat des esclaves, la valeur des navires employés à les transporter, celle de leurs fournimens, etc...... Qu'on n'oublie pas que le produit du commerce avec l'Afrique était devenu immense.

Il ne s'agissait pas moins que *d'un million de livres sterlings* dont on prédisait la perte infaillible. La seconde ville commerciale de la Grande-Bretagne* allait voir, disait-on, son commerce anéanti, si l'abolition était proclamée. Les colons criaient d'une voix unanime, leurs facteurs et leurs agens accrédités en Angleterre répétaient après eux, que c'en était fait des colonies des Indes Occidentales, que l'abolition de la Traite allait infailliblement consommer leur destruction. La plus grande partie des colons des Indes Occidentales résidaient dans la mère patrie, au lieu de vivre sur leurs plantations, comme les colons français et espagnols. Plusieurs d'entre eux faisaient partie du parlement. Ils avaient plusieurs de leurs agens dans la Chambre des Communes. Tous les propriétaires avaient leurs créanciers hippothécaires et leurs agens commerciaux résidant à Londres, et dans les autres grands ports de l'Angleterre. C'étaient des hommes extrêmement riches et de grande influence, dont les intérêts étaient étroitement unis à ceux de ces propriétaires. Tous ces individus étaient animés du zèle, de l'activité et de la persévérance que communique un intérêt mal entendu. L'établissement des colonies anglaises dans les Indes Occidentales, datait de si loin, les propriétaires de ces colonies, résidant dans les diverses provinces du royaume, étaient devenus si nombreux, qu'insensiblement ils s'étaient entourés d'une vaste atmos-

---

* Liverpool. C'est de cette ville que se faisaient presque tous les armemens pour l'Afrique.

sphère d'intérêts homogènes faisant cause commune avec les leurs. Il y avait plus. Une foule d'honnêtes gens étaient arrivés, peu à peu, à partager leurs erreurs et leurs craintes. Ainsi leurs idées étaient devenues le partage d'une grande partie de la nation, et un grand nombre de citoyens probes et désintéressés qui, s'ils eussent connu la nature de la Traite, fussent devenus nos amis et nos soutiens, étaient alors dans les rangs de nos ennemis, d'autant plus redoutables qu'ils étaient plus consciencieux. Le corps colonial était donc devenu un parti puissant dans l'Etat, et, en Angleterre, un parti de quelque importance ne tarde pas à avoir des champions et des défenseurs au sein du parlement. Reconnaissons néanmoins, à l'honneur du caractère britannique, qu'il ne se trouva alors aucun homme remarquable par son influence ou ses talens, et, à l'exception de ceux dont les intérêts étaient spécialement compromis dans cette grande question, aucun individu dans la Grande Bretagne, qui ne condamnât franchement la Traite comme indigne d'être défendue, se bornant à repousser notre mode d'abolition, comme moins efficace et moins juste que celui qu'ils proposaient.

Par toutes les raisons que nous venons de détailler, il arriva qu'une confédération puissante se forma contre nous. Long-tems elle trouva les forces nécessaires pour repousser toutes nos attaques et anéantir nos espérances les mieux fondées. Mais les amis de l'abolition ne se découragèrent pas. Nous jugeâmes qu'il entrait dans notre plan et dans notre devoir, de contre-balancer et de combattre l'opposition redoutable qui s'était formée de tous ceux qui regardaient leurs intérêts menacés par la solution de cette grande question. Nous pensâmes que le meilleur moyen à employer, était d'enrôler sous nos drapeaux et d'amener sur le champ de bataille, tout ce que la Grande-Bretagne comptait de citoyens sages, bons et humains. Nous nous employâmes, sur-le-champ, à cette grande œuvre, et nous la poursuivîmes avec une imperturbable persévérance. Confians dans la justice de notre cause, nous sentîmes qu'il nous fallait faire un appel à tous les esprits humains, éclairés et généreux. Les erreurs et les mensonges de nos adversaires furent réfutées, un à un, et exposés au grand jour. On pulvérisa cette insolente allégation que les Noirs sont d'une nature inférieure à la nôtre, calomnie effrontée et atroce, au moyen de laquelle les bourreaux osaient arguer de l'état de misère où ils avaient réduit leurs victimes, et s'en faire un titre pour continuer, à leur égard, leurs attentats et leurs cruautés. Cependant cette lâche imposture avait été généralement répandue. Affirmée par les historiens, adoptée par les philosophes, les marchands d'esclaves et les colons s'en étaient habilement emparés, et en faisaient l'un de leurs argumens favoris. Telles avaient été, selon eux, les fatales conséquences de cet état d'infériorité intellectuelle et d'avilissement moral, dans lequel étaient plongés les malheureux Africains, que le mal était devenu incurable, et que, bien qu'ils n'approuvassent pas tous les moyens mis en usage par la Traite, encore était-ce rendre un service réel à ces misérables, que de les arracher à une terre de malédiction pour les transporter à un esclavage éternel aux Indes Occidentales. Ainsi, on joignait l'insulte au crime contre ces déplorables victimes de l'avarice européenne. Pour confondre ces coupables allégations, il fut prouvé qu'à l'exception de ceux qu'avait corrompus le commerce des nations européennes, les enfans de l'Afrique étaient en général éminemment bons, aimans et hospitaliers. Les voyageurs Mungo Park et Golberry, bien que ce dernier fût personnellement intéressé à favoriser la Traite, n'en attestèrent pas moins, par d'innombrables et irrécusables témoignages, le naturel bon et humain des Africains, leur bienveillance, leur politesse, leur tendresse pour les auteurs de leurs jours et pour leurs enfans, leurs affections domestiques et sociales, leur amour de la vérité, leur courage, leur reconnaissance, leur fidélité dans l'union conjugale, leur industrie et leur persévérance dans le travail lorsqu'ils ont quelqu'espoir d'en recueillir le fruit, leur attachement extraordinaire à leur pays et aux lieux qui les ont vus naître, et, enfin, le caractère de magnanimité dont ils ont souvent donné des preuves qui honoreraient partout la nature humaine. Tout cela fut prouvé d'une manière irrécusable. On prouva que ce n'était qu'en s'appuyant du plus grossier mensonge, qu'on osait se justifier de transporter les Africains en esclavage aux Indes Occidentales, sous prétexte qu'ils étaient déjà esclaves dans leur propre pays, et que ce n'était que changer non la nature, mais le lieu de leur servitude.

On ne nia pas que dans quelques parties du continent Africain, les peuples ne fussent soumis à un pouvoir despotique dont les abus, comme partout ailleurs, pouvaient être d'une nature déplorable ; mais il fût prouvé que ce qu'on appelait esclavage en Afrique, n'était autre chose qu'une sorte de vasselage doux et patriarchal dans lequel les maîtres partageaient les travaux, les plaisirs et la nourriture des esclaves ; les maîtres d'ailleurs n'ayant le droit de vendre leurs esclaves, qu'en punition de quelque crime ; le tout présentant le tableau le plus touchant de l'innocence et de la simplicité antique. On détruisit insensiblement et on ruina de fond en comble tout l'échafaudage sophistique qu'avaient élevé les marchands d'esclaves et leurs défenseurs. Telle était cette objection que, si les esclaves africains n'étaient pas achetés par les Européens, ils seraient tous livrés à la mort, comme prisonniers de guerre. On prouva que les esclaves que n'achetaient pas les Européens étaient employés à des travaux dans le pays. On prouva également que les fournitures d'esclaves, si nous pouvons nous exprimer ainsi, étaient en raison des demandes, et que les demandes venant à cesser, les fournitures cesseraient aussi nécessairement.

Quant à l'assertion que la Traite était avantageuse, en ce qu'elle donnait de l'emploi aux marins anglais, on ne se contenta pas de la nier. M. Thomas Clarkson, après un examen laborieux et un dépouillement exact des rôles de matrice, prouva que la Traite, bien loin d'être utile à la marine anglaise, en était, au contraire, le tombeau. On avait osé soutenir que l'abolition de la Traite entraînerait la ruine de ceux de nos grands ports où cette branche commerciale était poursuivie avec le plus d'activité : on avait dit encore que cette mesure serait infailliblement fatale aux colonies anglaises des Indes Occidentales, ainsi qu'au commerce manufacturier de la métropole. Nous ne craignîmes pas de répondre que c'était un outrage aux grands principes commerciaux et une insulte à la divinité, que de supposer que la prospérité et le bien être de nos manufactures et de nos colonies étaient fondés sur la ruine et le malheur d'une vaste portion du continent africain. L'évènement a prouvé d'une manière victorieuse combien étaient fausses ces menaces de destruction ; et aujourd'hui, il n'existe pas un seul commerçant, un seul financier, un seul économiste éclairé qui ne reconnaisse que, même en s'appuyant sur ce principe immoral d'un gain sordide et d'avantages commerciaux, on eût gagné en Angleterre à abolir la Traite plutôt. C'est ainsi que, dans une autre circonstance, lorsque nous touchions bientôt à la fin de cette longue guerre que nous avions entreprise contre les bourreaux de l'humanité, nous eûmes l'occasion de réfuter les vaines terreurs de nos adversaires, par le tableau des résultats que l'expérience avait amenés. Nous croyons devoir rappeler cette circonstance.

A l'époque où l'attention du parlement se fixa, pour la première fois, sur la question de la Traite, des personnes furent chargées de visiter quelques-unes de ces prisons flottantes dans lesquelles ces malheureuses victimes de l'avarice européenne étaient transportées d'Afrique aux Indes Occidentales. Ce qui frappa d'abord les commissaires, ce fut l'étrange disproportion entre le nombre d'esclaves que devaient recevoir ces navires, et l'espace destiné à les contenir. Les premières enquêtes se dirigèrent donc sur ce point. Cependant, il était facile de prévoir que l'examen de toutes les questions qui se rattachaient à la Traite, emploirait plusieurs sessions, avant que le parlement pût donner une décision définitive. En conséquence, les abolitionistes proposèrent que des mesures provisoires fussent adoptées, pour l'intervalle de tems pendant lequel la Traite devait nécessairement continuer encore, et que des lois réglassent la quantité d'espace à accorder, à l'avenir, à chaque esclave dans les navires négriers, aussi bien que la quantité d'eau, de nourriture et de médicamens qui leur serait allouée. A cette nouvelle, les marchands d'esclaves jetèrent un cri d'alarme. Ils présentèrent les protestations les plus énergiques, appuyées par les sermens les plus solennels. A les entendre, les mesures que l'on proposait équivalaient à une abolition, et la ruine totale et immédiate de la Traite allait en être la conséquence inévitable. « Non seulement, » disaient-ils, « ces mesures étaient inutiles ; elles « seraient encore funestes aux esclaves eux-mêmes. « L'intérêt des parties, » soutenaient-ils, non sans quelqu'apparence plausible, « offrait une garantie « suffisante contre les abus que l'on redoutait. « Non seulement le propriétaire du navire était in- « téressé à ce que les esclaves fussent rendus dans

" le meilleur état possible, au lieu de leur destination, mais le capitaine, le chirurgien et les officiers du bâtiment avaient le même intérêt, puisque leurs bénéfices dépendaient, en grande partie, de la valenr effective de la cargaison."

Les marchands ne se bornaient pas à soutenir que toutes les précautions étaient prises, pour préserver, pendant la traversée, la vie et la santé des esclaves ; ils allaient même jusqu'a dire qu'on apportait l'attention la plus scrupuleuse à veiller au bien-être de ces infortunés et à leur procurer toutes les douceurs possibles. A les entendre, afin d'entretenir leur santé et leur gaité, on mettait à leur disposition une foule d'innocens plaisirs et d'amusemens divers. Le chant et la danse entraient même dans ce charmant tableau. Enfin, à en croire ces hommes, la traversée d'Afrique aux Colonies n'était, pour les Africains, qu'une véritable partie de plaisir : telles étaient, du moins, les déclarations des officiers des navires négriers. Cependant, on ne les crut pas sur parole : les enquêtes furent continuées. On trouva alors que, dans cette circonstance, comme dans tant d'autres, bien que ce fût l'intérêt des négriers de traiter les esclaves avec humanité, cependant la nature corrompue avait étouffé la raison, l'intérêt lui-même s'était tû devant les passions coupables. On trouva que l'habitude de considérer ces malheureux comme une marchandise, avait endurci les cœurs des agens chargés de lesc onduire ; que le résultat de ce coupable endurcissement avaït été les traitemens les plus barbares, non moins contraires à l'humanité qu'aux intérêts des propriétaires et des officiers des bâtimens négriers ; et que le sort des malheureux esclaves se trouvait, par là, horriblement aggravé. En conséquence, en dépit des marchands d'esclaves qui soutenaient que la ruine de la Traite allait être l'infaillible résultat de cette mesure, une loi fut promulguée portant des dispositions relatives au soin de la santé et du bien-être des esclaves. Cependant qu'arriva-t-il ? Quelques années ne s'étaient pas écoulées, que toutes les parties intéressées, marchands d'esclaves, officiers, équipages, colons, planteurs, reconnaissaient unanimement que la loi ayant pour but de régler et d'améliorer la traversée, n'avait pas seulement contribué au bien-être des esclaves, mais avait encore assuré aux négriers une augmentation de bénéfice. Qu'on juge par là de la confiance qu'on peut accorder aux déclarations des hommes engagés dans ce trafic criminel. C'est ainsi que nous pouvons également apprécier les malheurs dont on ne cesse de menacer les philantropes, comme devant être la conséquence des mesures dont les lois de Dieu et le bonheur de l'homme nous prescrivent l'adoption.

Mais ce n'est pas seulemeut en ce qui concernait la traversée, que les marchands d'esclaves essayèrent de faire illusion sur les maux inséparables de la Traite. La fraude, l'alliée naturelle de la cruauté, fut appelée à son aide ; à l'hypocrisie vint se joindre la calomnie, et l'ange des ténèbres usurpa le langage et les formes d'un ange de lumière. Quelques uns de nos plus adroits adversaires soutenaient que tel était l'avilissement naturel des Noirs, telle était l'infériorité de leur nature, telles étaient, sur plusieurs points de ce vaste continent, leurs sanglantes superstitions et le cruel despotisme de leurs tyrans, que c'était un acte de compassion et d'humanité que de les arracher à cette terre de malédiction pour les transporter aux Indes occidentales où, malgré leur esclavage, ils se trouvaient dans un véritable Paradis comparativement au pays qu'ils quittaient. Il y en eut même qui allèrent jusqu'à soutenir que, dans plusieurs endroits de l'Afrique, les habitans étaient antropophages, préférant la chair de l'homme à toute autre nourriture ; qu'en cet état de choses, non seulement les prisonniers de guerre, mais même tous les habitans beaux et gras seraient infailliblement dévorés par leurs barbares concitoyens, si les charitables négriers ne les arrachaient à la mort, en se chargeant de les transporter aux Indes occidentales, et cela par pure humanité. Ce n'est pas sans raison qu'on a souvent accusé de crédulité le peuple Breton. Cependant, il n'eut pas la faiblesse de prêter foi à une accusation aussi dénuée de toute espèce de fondement. Il vit combien était méprisable et invraisemblable, tout ensemble, une accusation de cette nature ; attendu, surtout, que, pour la justifier, les négriers et leurs avocats ne pouvaient produire, un seul exemple parmi les Africains. D'ailleurs, cette accusation n'était pas nouvelle : elle ne s'était pas bornée aux peuples de l'Afrique : on pourrait à peine citer un seul peuple barbare contre lequel elle n'ait pas été dirigée, et toujours, après un plus mûr examen, on en a reconnu l'injustice.

Les Anglais accoutumés, comme jurés, à apprécier la valeur des accusations et des témoignages , ne pouvaient admettre une accusation dirigée contre les opprimés par les oppresseurs eux-mêmes, dans le dessein manifeste de justifier leur crime. L'indignation publique fut le prix de cette insolente prétention par laquelle les marchands d'esclaves se couvraient hypocritement du manteau de l'humanité dans une question où l'intérêt était, si évidemment, le seul mobile de leur infâme conduite. Le cri national fit justice de cet abus de tous les sentimens honorables et vertueux. Le peuple Anglais comprit facilement que tolérer plus long-temps la Traite, ce serait non seulement tolérer la violation de toutes les lois divines et humaines, mais encore imprimer sur le caractère Britannique une souillure ineffaçable, et se présenter aux regards de la postérité et de l'histoire, comme l'oppresseur et l'ennemi du genre humain.

Quant à l'argument tiré des superstitions cruelles de quelques peuples d'Afrique, nous vainquîmes nos adversaires par leurs propres armes et tournâmes contre eux leurs propres batteries. Nous prouvâmes que ces superstitions, bien loin d'avoir été affaiblies par la Traite, n'étaient nulle part plus en vigueur que dans les endroits fréquentés par les négriers d'Europe, en ces mêmes lieux où un commerce honorable et légitime eût fait éclore une riche moisson de civilisation et de lumières. Nous ne croyons pas nécessaire de faire observer que de si pitoyables argumens ne pouvaient se rencontrer que dans la bouche de gens démoralisés par l'intérêt, ayant la conscience de leur crime, mais désirant présenter quelques excuses spécieuses pour pallier un peu les horreurs trop manifestes qu'ils infligeaient à leurs semblables. Mais, ici, il est une justice que nous devons rendre aux marchands d'esclaves. Les plus ardens défenseurs de ce criminel commerce, avouèrent franchement que s'il n'existait pas déjà, aucune vue de spéculation ne pourrait les porter à le commencer. Mais les capitaux des marchands d'esclaves étaient engagés dans ce commerce, et de même que ces assassins Italiens qui, en quittant leur métier homicide, cherchent un dédommagement pour leurs stilets, de même ils demandaient que, s'ils venaient à donner une autre direction à leur industrie, on les indemnisât, non pour la valeur de leurs navires, puisqu'ils pouvaient les employer à un autre genre de commerce, mais pour la valeur de leurs armes à feu, de leurs fouets, de leur chaînes et de tout cet attirail de cruauté qui allait leur devenir inutile. On appuyait aussi, mais faiblement, pour la continuation de la Traite, sur les pertes qu'allaient supporter nos manufactures qui fournissaient les articles d'exportation qu'on donnait en échange des malheureuses victimes. Les abolitionistes, de leur côté, accusèrent avec raison les négriers d'avoir empêché, par leur criminel trafic, les peuples du continent

Africain, de se livrer à un commerce mille fois plus profitable à l'Europe que ce commerce de chair humaine qui désolait les rivages de la malheureuse Afrique, et livrait ses enfans à des bourreaux étrangers.

" Pourquoi," s'écriait Pitt, dans sa vertueuse indignation, " pourquoi l'Afrique serait-elle con-
" damnée à rester perpétuellement sous l'inter-
" dit? Combien de pays jadis aussi barbares qu'elle,
" sont aujourd'hui le siége de la civilisation et
" des lumières, le champ de l'industrie et du
" commerce!"

Mais le plus important de nos auxiliaires, dans notre lutte contre les marchands d'esclaves, ce fut la religion. A tort ou à raison, on a imputé à nos pères vivant dans un siècle d'ignorance sous l'empire de la foi catholique, cette opinion insensée que les attentats au bonheur et au droit des hommes pouvaient être expiées par des prières et des messes. Certes, ce n'était pas là la religion catholique; ce n'en était que l'abus. Quoiqu'il en soit, nous n'avions pas de pareils préjugés à combattre; nous n'avions pas à craindre que nos adversaires, pour se soustraire aux obligations les plus claires du devoir et de la conscience, se réfugiassent dans les bras d'un bigotisme insensé. Du moins, tel n'était pas le caractère des catholiques de la Grande-Bretagne. Bien loin de là, catholiques et protestans se réunirent franchement pour repousser, de concert et avec indignation, un commerce condamné par les lois divines et humaines. Le clergé en particulier, depuis le premier jusqu'au dernier de ses membres, mit la plus grande activité dans les efforts qu'il tenta pour purger une nation chrétienne de cette souillure honteuse qui la déshonorait.

C'est ainsi qu'insensiblement les ténèbres firent place au grand jour. C'est ainsi que des faits et des opinions, reconnus aujourd'hui incontestables, pénétrèrent, peu à peu et avec lenteur, dans les consciences, et finirent par établir leur autorité sur la nation entière. Enfin l'opinion nationale étant suffisamment éclairée, les consciences suffisamment convaincues, à l'exception d'un petit nombre d'hommes personnellement intéressés à continuer ce coupable commerce, une circonstance favorable survint. Un changement d'administration eut lieu dans le gouvernement britannique. La plupart des membres du nouveau ministère étaient des abolitionistes zélés. Dans la chambre des communes Fox, Lord Howick, depuis Lord Grey, et Lord Henry Petty, depuis Lord Lansdowne ; dans la chambre des pairs Lord Grenville, et Lord Holland appuyèrent de tout le poids de leurs talens supérieurs et de leur mâle éloquence, la cause de la justice et de l'humanité ; et le 25 Mars 1807, à une immense majorité dans les deux chambres, l'abolition fut proclamée ! . . . . Il se manifesta alors une telle unanimité de volontés, que les premiers avocats de cette grande cause s'accusaient presque des retards que l'abolition avait éprouvés. C'est ainsi que Clarendon nous représente l'état de la Grande-Bretagne, au retour de Charles II, après l'usurpation de Cromwell. "Un seul "vœu," dit-il, "une seule opinion paraissait dominer "ner la nation, et le monarque lui-même déclara "que, certes, ce devait être sa faute, s'il ne ré- "gnait pas plutôt sur un peuple si empressé à le "recevoir."

Cependant les abolitionistes qui n'avaient pas assez la conscience de leurs forces, et qui désiraient d'ailleurs mettre cette grande mesure à l'abri de la plus légère objection, n'avaient affecté au crime de la Traite que des châtimens pécuniaires, avec la confiscation du navire et de sa cargaison. Mais ces dispositions pénales, après un mûr examen, ayant paru trop faibles, bientôt une loi fut promulguée assignant à la Traite un caractère infâmant, et la frappant, comme crime de félonie, d'une peine infâmante. Cependant, par un sentiment d'indulgence pour ceux d'entre les criminels à qui l'autorité des lois antérieures aurait pu faire perdre de vue l'horreur de ce crime, la peine de mort fut écartée, et la peine de la déportation adoptée. Ainsi, les coupables négriers allèrent dès lors justement prendre place parmi ces vils scélérats que la Grande-Bretagne dégorge annuellement de son sein, comme indignes de la société qui les repousse. Nulle voix ne s'éleva en leur faveur, et depuis ce jour, l'opinion publique a classé les négriers dans l'espèce la plus lâche et la plus vile des criminels.

Tel était l'état des choses dans l'opinion et dans les lois de la Grande-Bretagne, quand la paix vint terminer les sanglans et longs démêlés qui avaient, depuis plus de vingt ans, divisé les nations de l'Europe. La réunion de toutes les Puissances européennes en Congrès, parut aux abolitionistes une occasion favorable pour faire proclâmer, publiquement et à la face du monde, le caractère véritable de la Traite, et pour engager solennellement la religion des nations civilisées à délivrer l'Afrique de ses bourreaux. Jamais espoir ne fut plus fondé que le nôtre. Et, par le fait, la Traite, à cette époque, avait cessé de la part de tous les peuples, à l'exception du Portugal qui ne la continuait guère que sur les points de l'Afrique soumis à son impitoyable domination. L'étroite alliance qui, malheureusement pour le genre humain, existait alors entre le Portugal et la Grande-Bretagne, en favorisant la libre navigation des vaisseaux de cette puissance, donnait aux négriers portugais une déplorable facilité dans leurs coupables opérations.

Quoiqu'il en soit, le Portugal excepté, aucune nation de l'Europe n'exerçait la Traite, et on avait droit d'espérer que toutes les Puissances européennes se réuniraient pour proscrire ce commerce dévastateur, et pour protéger à jamais l'Afrique contre ses ravages. Sur ce point, notre espérance ne fut point trompée. La Traite traduite au tribunal de l'Europe fut jugée, justement condamnée et dénoncée à l'exécration de l'univers. Après quelques lenteurs et quelques difficultés, le principe général fut adopté, et on laissa seulement à chaque Puissance la faculté d'assigner et de fixer les peines conformément à ses propres lois. Une déclaration solennelle proclama la volonté unanime de cette confédération vraiment sainte, et le même jour, ce jour fortuné qui ratifia la paix de l'Europe, annonça à l'Afrique qu'elle aussi elle allait être, pour jamais, délivrée de l'épouvantable guerre dont elle était, depuis si long-tems, le théâtre, guerre plus horrible encore dans sa nature et plus calamiteuse dans ses effets que celle dont l'Europe se voyait affranchie avec tant de joie.

La sentence prononcée à Vienne fut renouvelée et ratifiée à Aix-la-Chapelle. C'est alors que les chefs des grandes Puissances, voyant avec douleur les retards qu'apportait le Roi de Portugal à se joindre à l'œuvre d'humanité qu'ils avaient entreprise, lui adressèrent en commun une letttre signée de leur propre main, dans laquelle ils le conjuraient d'imiter leur exemple, et de ne pas se refuser seul à cette mesure générale. La réponse du Roi de Portugal fut loin d'être satisfaisante. Mais alors ce monarque était dans ses états du Brézil. Cette circonstance peut avoir influencé sa détermination. Peut être a-t-il cru devoir conserver sa popularité parmi les Brésiliens, aux dépens même de l'honneur et de la dignité de sa couronne. Maintenant qu'il a traversé l'Atlantique et qu'il est dans ses états d'Europe, cette excuse ne serait plus admissible. Je me plais à croire que la nation portugaise, jadis si grande et si glorieuse, cette nation qui vient de se réveiller à la liberté et qui, dans une constitution libre, vient de rendre un si solennel hommage aux droits de l'homme, ne fermera pas l'oreille aux cris de l'humanité et de la justice, et dans le moment où elle proclame le triomphe des principes pour elle-même, ne voudra pas les fouler aux pieds en ce qui concerne les enfans de l'Afrique.

Votre Majesté n'a pas besoin que je lui rappelle la part qu'elle a prise dans ces nobles actes, et les engagemens qu'elle a contractés dans cette mémorable occasion. L'histoire dira, dans ses pages fidèles, que c'est Votre Majesté qui fut le principal instrument employé par la divine Providence dans les grandes mesures dont je viens de parler. Ce jour fut, je n'en doute point, l'un des plus doux, l'un des plus délicieux de votre vie. L'avenir, chargé naguères de sombres nuages, s'offrait alors heureux et riant à vos philantropiques regards. Vous y lisiez le présage de meilleurs jours pour la malheureuse Afrique. Déjà, dans un doux lointain, vous pensiez voir, dans ces régions vastes et immenses, où les pas d'aucun européen n'avaient encore pénétré, la civilisation étendre ses conquêtes pacifiques, et la barbarie et la misère céder, par dégrés, aux lumières et à la félicité sociale. Ces délicieuses illusions étaient permises à Votre Majesté. Nous-mêmes, nous, abolitionistes, qui avions, tant de fois, vu briser la coupe de l'espérance à peine présentée à nos lèvres avides, nous partagions ces illusions charmantes. Aujourd'hui même encore, la réflexion ne me fait pas changer d'opinion à cet égard: nos espérances, je persiste à le croire, étaient justement fondées. Eh qui

n'eût partagé cette douce attente, en lisant les noms des augustes signataires de cette déclaration signalée, et en entendant leur noble langage! Et quel langage, encore! Dans le dernier acte solennel de ce Congrès mémorable, on vit les augustes Alliés proclamer en substance: " que, bien que des circons-
" tances particulières eussent, jusqu'à un certain
" point, pallié une partie de l'horreur de la Traite
" des Noirs, cependant, depuis que la nature et les
" détails de ce commerce étaient mieux connus, de-
" puis que les horreurs qui l'accompagnent, avaient
" été révélées au grand jour, le cri public, dans
" toutes les nations civilisées, en avait demandé la
" suppression immédiate ; qu'ils étaient animés du
" désir sincère de concourir par tous les moyens
" en leur pouvoir, à donner à cette mesure l'exécu-
" tion la plus prompte et la plus efficace ; qu'ils s'é-
" taient engagés, par un traité solennel, à contribuer
" à cette grande œuvre, avec tout le zèle et toute la
" persévérance que réclamait une cause si belle et
" si juste, et à ne négliger aucun moyen propre à
" assurer l'exécution, ou à accélérer les progrès de
" cette entreprise ; que les augustes signataires de
" cette déclaration, ne considéreraient pas leurs en-
" gagemens comme remplis, tant qu'un succès com-
" plet n'aurait pas couronné leurs efforts." Ils terminèrent ce grand acte, en déclarant " que le triomphe
" définitif de cette noble cause, serait un des
" plus beaux titres de gloire du siècle qui en serait
" témoin, et qui aurait l'honneur d'y contribuer."

Je le demande, après des protestations si solennelles, les abolitionistes n'étaient-ils pas fondés à penser que tous les Souverains qui avaient concouru à cette importante déclaration, devraient se croire obligés en conscience, à l'exécuter et à remplir leurs engagemens.

Hélas ! nous ne savions que trop, combien il est difficile de faire entendre la voix de l'humanité et de la vérité dans les conseils des Rois. Nous savions que, dans les transactions des Souverains, les intérêts de la justice et de la morale ne sont quelquefois qu'imparfaitement respectés. Mais nous pensions avoir affaire à des hommes d'un caractère, si non rigidement juste et humain, dans toute l'étendue de cette acception, du moins honorable et magnanime.

Et aujourd'hui encore, quand nous réfléchissons que les chefs des hautes Puissances Européennes ont proclamé la Traite un fléau qui a *longtems désolé l'Afrique, déshonoré l'Europe et affligé l'Humanité ;* quand nous nous rappellons qu'après avoir fait entendre les grandes vérités que nous avons reproduites, ils se sont solennellement engagés, par un traité, à la face du monde, à extirper ce fléau ; je le répète, quelles que soient les difficultés que nous avons rencontrées, quelqu'expérience que nous ayons faite de l'invincible attachement de l'intérêt à ses injustes bénéfices, nous ne désespérons pas encore de notre cause. Bien que quelques-uns des augustes signataires ne nous aient pas paru aussi favorablement disposés que nous avions lieu de l'attendre ; bien que nous ayons entendu renouveller contre nous les argumens insensés que nous avaient déjà opposés les négriers,— que l'Europe présentait des crimes et des cruautés égaux au moins en étendue, à ceux que nous voulions supprimer en Afrique, qu'au lieu d'aller porter au loin les bienfaits et les armes de notre philantropie, un champ assez vaste s'offrait naturellement à nous, sans sortir de notre pays;—bien qu'on ait osé attaquer la pureté de nos intentions, et nous accuser d'agir dans des vues mercenaires d'intérêt national et de jalousie mercantile; nous en avons la ferme espérance, toutes ces indignes calomnies, tous ces lâches sophismes tomberont, et, mis en opposition avec la masse imposante que présente notre grande et glorieuse cause, ils ne seront d'aucun poids dans la balance, aux yeux de nos contemporains mêmes qui nous voient, et encore moins de la postérité qui nous jugera.

Pour ce qui est de cette accusation, qu'en pressant les autres pays de suivre l'exemple de la Grande-Bretagne, nous sommes influencés par d considérations de politique commerciale et d'intérêts mercantiles, accusation aussi dénuée de fondement que produite avec mauvaise foi, nous ne ferons qu'une seule observation. Ceux qui déversent sur nous cette calomnie, sont dans une complette ignorance de tout ce qui a amené et accompagné l'abolition de la Traite dans la Grande-Bretagne. Ils oublient que ce sont les hommes religieux de toutes les communions qui ont commencé et soutenu, dans toute sa durée, cette glorieuse campagne. Long-temps les avocats de cette grande cause, furent taxés d'enthousiastes et de fanatiques. Aux principes de morale et d'humanité que nous présentions, on opposait des principes de politique et d'intérêts commerciaux. Nos plus dangereux adversaires furent ceux qui prédirent, et, comme l'évènement l'a démontré, exagérèrent beaucoup les sacrifices coloniaux, financiers et commerciaux qu'allait entraîner le triomphe de la justice et de l'humanité. Aujourd'hui que ce long combat entre le génie du bien et celui du mal, entre Dieu et Mammon, est enfin terminé, attendra-t-on de nous que nous prouvions sérieusement à nos nouveaux accusateurs que l'abolition de la Traite ne fut pas l'œuvre de quelques adroits hommes d'état qui n'avaient en vue que les intérêts commerciaux de la Grande-Bretagne, en engageant les autres nations à suivre notre exemple ? Cette accusation peut bien obtenir quelque crédit sur ceux qui ignorent complettement les circonstances de l'abolition Britannique; mais, il n'en est pas moins constant qu'il n'y a que la plus complette ignorance qui puisse l'expliquer.

Une pareille accusation aurait pu, il y a quelques années, peut-être, trouver des oreilles crédules. Mais les pas immenses et gigantesques de l'opinion Européenne dans les derniers temps, nous paraissent devoir être peu favorables à la propagation d'accusations si ridicules. Certes, si la justice et l'humanité ne sont point un vain mot, c'est, surtout à la suite de la liberté que nous pouvons espérer de les rencontrer, non de cette liberté tumultueuse qui n'est que la licence, et qui n'a que trop souvent usurpé le nom de la liberté véritable, mais de cette liberté constitutionnelle, fondée sur l'ordre et les lois, fixant, avec une sage précision, la limite où finissent les droits, où commencent les devoirs. Les peuples qui, sortant du long sommeil où les avait endormis l'esclavage, se sont réveillés au sentiment de leurs droits et à la possession d'une constitution libre, ne fermeront pas leurs cœurs aux nobles émotions qui doit naturellement y avoir excitées l'ère nouvelle qui s'ouvre pour eux ; ils n'oublieront pas les grandes destinées, les sublimes devoirs auxquels leur nouvel état les appelle ; ils rempliront scrupuleusement les engagemens contractés par leurs Souverains, au sujet de la Traite, antérieurement aux nouveaux changemens politiques ; ils ne voudront pas, sans doute, qu'on accuse la liberté d'être moins humaine et moins philantrope que le despotisme. Non, je ne saurais croire que, parce que, dans la nation espagnole, des colons et des planteurs, qui ont cru leurs intérêts lésés dans l'abolition de la Traite, pourraient réussir par leur influence à envoyer quelques membres à la législature, ces membres soient disposés à fouler aux pieds la morale et la vertu, au point d'acheter l'appui de leurs avides commettans par le sacrifice de leurs votes et l'avilissement de leurs fonctions constitutionnelles. Je croirai encore moins que de tels hommes, s'il s'en trouvait, puissent obtenir quelqu'influence sur l'auguste assemblée dont ils font partie ; et j'attendrai, pour ajouter foi à ces déplorables et humiliantes assertions, que la vérité m'en ait été démontrée par l'évidence la plus complette. « Qu'on me donne un point d'appui, » disait Archimède, " et je soulèverai le monde." Ce point d'appui que demandait le philosophe, nous le trouvons dans la représentation d'un peuple libre, et par lui, nous pouvons, d'une main ferme, soulever avec le levier de la morale et du christianisme, un monde d'intérêts funestes et de coupables préjugés.

Mais Sire !....de favorables présages viennent justifier cet espoir. Tandis que je traçais ces lignes, un bruit passager est venu jusqu'à moi. On m'apprend que les Cortès d'Espagne, fidèles à cet esprit de générosité qui, il y a trois siècles, jeta un éclat si vif et si glorieux dans cette assemblée, paraissent disposés à accomplir les hautes espérances que m'avaient fait concevoir la connaissance de la dignité attachée au caractère espagnol.

Ces espérances, nous les nourrissons, surtout, en ce qui concerne le Portugal, et ces considérations consolatrices viennent relever notre courage. Sire! vous vous rappelez avec quelle étrange opiniâtreté le plénipotentiaire Portugais résista aux efforts que tentèrent toutes les autres Puissances pour l'engager à accéder à la confédération générale contre la Traite, et comment il s'obstina à refuser d'assigner aucune époque déterminée pour la cessation définitive de ce commerce homicide. On alla même alors jusqu'à émettre une idée que je ne me rappelle qu'avec un sentiment de douleur et de honte. On donna à entendre qu'on pourrait consentir à prêter l'oreille au cri de la justice et de l'humanité, si la

Grande-Bretagne voulait faire quelques sacrifices pécuniaires à l'effet d'indemniser le commerce Portugais. Enfin, lorsqu'après bien des délais et des difficultés, la couronne de Portugal eut consenti à l'abolition de la Traite, au nord de la ligne, les sujets de cette nation et même les gouverneurs des établissemens portugais sur la côte nord d'Afrique, n'en ont pas moins continué ce fatal commerce, sans se donner même la peine de voiler cette infraction coupable aux traités existans. Mais quand je me rappelle que la nation Portugaise fut l'une des plus illustres de l'Europe, que, l'une des premières, elle s'affranchit de la barbarie et de la rouille du moyen âge ; quand je vois cette même nation renaître à la conscience de ses droits politiques, et relever l'édifice de ses libertés constitutionnelles, j'aime à croire qu'elle rendra un juste hommage aux droits du genre humain, et qu'elle ne regardera pas d'un œil indifférent, les souffrances de nos frères les Africains, cette intéressante portion de la grande famille des hommes. »

Si, néanmoins, le Portugal, malgré les nouvelles circonstances sous l'empire desquelles il se trouve placé, persistait à tromper toutes nos espérances ; si, après avoir concouru à cette déclaration à jamais célèbre qui condamne la Traite au nom des principes sacrés de la justice et de l'humanité, cette puissance continuait à maintenir la Traite et à faire, seule, exception à ce concert universel de toutes les Puissances de la Chrétienté ; Votre Majesté, nous osons en concevoir l'espérance, n'aurait pas oublié que cette circonstance, toute improbable qu'elle est, a été prévue dans les négociations de Vienne. Elle se rappellera qu'il fut convenu alors, que, dans le cas où l'une des puissances se placerait dans cette honteuse situation, les autres parties contractantes s'engageaient à adopter telles mesures jugées nécessaires pour rendre la conduite de cette puissance aussi funeste à ses propres intérêts, qu'elle est criminelle aux yeux de la religion et de la morale. La mesure qui fut alors indiquée fut la prohibition des produits de la puissance dissidente. Nul doute que la seule conviction d'une disposition sérieuse, de la part des Puissances, à exécuter cette stipulation, ne suffît pour remplir le but qu'on s'y était proposé et pour prévenir la nécessité de son exécution. Il dépend donc de Votre Majesté de détruire, en cette circonstance, l'une des branches les plus considérables et les plus destructives de ce commerce désolateur ; et Votre Majesté n'a pas besoin que je lui rappelle que le pouvoir de faire un acte de justice et d'humanité, est une obligation implicite de l'exécuter, qui nous est imposée par l'Eternel lui-même.

Pour ce qui est de la nation des Pays-Bas, nous ne pouvons croire, que, parce que cette infâme Traite a été appelée un commerce, et que cette nation est l'une des plus anciennes dans les annales commerciales, elle soit disposée à ajouter foi à l'accusation aussi cruelle que ridicule que j'ai rapportée plus haut.

Les espérances que présentent les Etats-Unis d'Amérique, sont subordonnées aux mesures plus ou moins efficaces qu'adoptera le Congrès pour concourir à la suppression de la Traite. Dernièrement, un Comité nommé par le Congrès et tiré de son sein, a manifesté des dispositions non équivoques pour l'adoption de mesures propres à assurer l'abolition efficace de la Traite. Il a recommandé à ses concitoyens le sacrifice d'une injuste prévention qui avait empêché jusquelà le gouvernement des Etats-Unis d'accéder avec la Grande-Bretagne à l'établissement d'un droit de visite mutuelle sur les vaisseaux marchands des deux nations qui fréquentent la côte d'Afrique. Il observe, avec raison, que cet établissement ne doit pas être confondu avec le droit de visite que s'arrogent, en tems de guerre, les puissances belligérantes ; que, bien loin de là, en stipulant pour l'exercice d'un droit qu'elle accordait aux Etats-Unis dans une proportion semblable, la Grande-Bretagne reconnaissait implicitement la nécessité d'un traité spécial pour l'exercice de ce droit, ce qui équivalait à une renonciation totale, de sa part, à toute prétention de cette nature.* En conséquence, le Comité insiste pour qu'une convention soit passée, dans ce sens, avec la Grande-Bretagne, à l'effet de réprimer de la seule manière efficace, les coupables pirateries des négriers : car le Congrès lui-même a assigné à la Traite son véritable caractère, en la déclarant crime de piraterie, et y

---

* Voyez *De l'Etat actuel de la Traite des Noirs, composant le Rapport présenté, le* 8 *Mai,* 1821, *aux Directeurs de l'Institution Africaine.* Page 100.

a attaché la peine capitale qui, chez toutes les nations du globe, est le châtiment de cette sorte de délit. Certes, des raisonnemens et des considérations si justes sont faits pour convaincre, soit en Amérique, soit dans tout autre pays, tous les hommes sensés qui font franchement des vœux pour l'abolition de cette Traite dévastatrice.

Mais, s'il est un peuple et un gouvernement que, certes, Votre Majesté n'eût jamais pu soupçonner d'écouter ces accusations insensées, et ces vils intérêts qui servent seuls de base à la Traite, c'est assurément le peuple et le gouvernement français.

Sans doute, Votre Majesté a partagé nos espérances, lorsque la paix qu'imploraient tous les gens de bien, vint réunir deux nations trop longtemps divisées. Nous conçûmes alors l'espoir que la France consentirait avec joie, à fraterniser avec nous dans cette grande œuvre de miséricorde. Tout nous le faisait présager, l'esprit chevaleresque de la nation française, le caractère personnel de son Roi, et, plus encore, les circonstances qui avaient précédé son rétablissement sur le trône de ses pères, circonstances bien faites pour allumer dans un cœur vertueux toutes les inspirations humaines et généreuses. « Un Monarque qui se dit « victime de l'oppression et de l'usurpation triom- « phante, jettera, » disions-nous, « un regard d'a- « tendrissement sur les victimes de l'injustice et « de la cruauté européenne ! Long-tems exilé « lui-même aux rives étrangères, il sait, par sa « propre expérience, combien il est douloureux « d'être arraché à sa douce patrie, au toît de ses

" ayeux !" Il était naturel de penser que la religion et la morale à qui la Grande-Bretagne avait dû sa dernière victoire, devaient avoir vu leur empire affaibli dans une nation volcanisée par les éruptions révolutionnaires, et qui, passant subitement de l'anarchie au despotisme, avait vu ses yeux fascinés si long-tems par les illusions d'une gloire sanglante et mensongère. On devait croire, néanmoins, que le nouveau gouvernement sentirait l'importance de fonder la réédification du trône sur les bases de la religion, et se convaincrait que le meilleur moyen de témoigner sa reconnaissance à l'Arbitre Suprême par qui règnent les Rois, c'était de se joindre à un acte d'humanité en faveur d'un vaste continent: car la stabilité future du trône des Bourbons ne pouvait être assise sur de plus fermes bases. Nous pensions que, dans cette foule d'exilés que le retour de la paix ramenait dans leur patrie, les sentimens religieux devaient prévaloir ; et nous avions l'intime conviction qu'il n'existait pas un homme religieux et vertueux qui ne fût favorable à notre cause. Cette cause, en effet, était celle de tout homme qui n'a pas brisé entièrement les liens moraux et intellectuels qui l'attachent au Souverain Etre, et qui n'a pas abjuré le dogme d'un Dieu rémunérateur. Nous avions encore d'autres motifs d'espérance. Quelque fût notre attachement à la religion sous l'empire de laquelle nous vivons, nous ne pouvions oublier que l'un des plus beaux titres de la religion Catholique, était d'avoir mis fin à l'esclavage en Europe, et d'avoir fait cesser ces guerres meurtrières que se faisaient, dans le moyen âge, les seigneurs et les chefs d'une même nation. Il est vrai encore que la nature et les effets de la Traite étaient bien moins connus en France qu'en Angleterre : mais l'appât de ce commerce coupable y était aussi, proportionnellement, beaucoup moindre. En effet, la France ne voyait pas ses capitaux, ses navires et les articles de ses manufactures employés à ce commerce : elle n'avait donc aucune des excuses dont l'intérêt ne manque pas de se couvrir pour justifier ses crimes. Le gouvernement nouvellement rétabli ne devait pas ignorer, d'ailleurs, qu'à l'exception de deux ou trois ports, l'abolition de la Traite ne pouvait rencontrer aucun obstacle dans la masse de la population française. Une circonstance importante venait de nous mettre à même de juger pleinement des dispositions de la nation française à cet égard. Quelqu'opinion qu'on se forme de Bonaparte, il est un point que doivent lui accorder unanimement et ses amis et ses ennemis ; c'est la connaissance de l'esprit public de la nation française. Or, on sait qu'à son retour de l'île d'Elbe, dans un moment où l'intérêt de sa politique lui commandait, plus que jamais, de se concilier l'opinion du peuple français, l'un des premiers actes de son pouvoir fut l'abolition totale et définitive de la Traite des Noirs.

Cependant, comme si l'ennemi du genre humain avait interposé ici sa fatale influence, nous avons vu refouler tout à coup des espérances fondées sur de si justes titres.

Votre Majesté se rappelle avec douleur qu'à l'époque où l'Afrique vous vit pour la première fois accourir à la défense de ses enfans opprimés, les ministres du Roi de France, tout en reconnaissant la cruauté et la criminalité de ce commerce sanglant, n'en manifestèrent pas moins l'intention de le continuer pendant cinq ans encore.

Mais lorsque les prétentions de cet inexplicable et tenace attachement au crime eurent été repoussées ; quand le gouvernement français, revenant à des sentimens plus conformes à sa dignité, eut consenti à entrer dans la sainte ligue formée entre les Souverains de l'Europe, à l'effet de donner à l'Afrique une réparation, trop long-tems retardée, des maux que lui avait causés la Traite, et d'établir entre ce continent et les nations chrétiennes un commerce paisible de lumières et de bienfaits, devait-on s'attendre à lui voir adopter un système de conduite plus funeste que jamais ? Ce gouvernement ne s'était-il donc si solennellement engagé à l'abolition de la Traite, que pour tremper dans une coupable connivence avec les fauteurs de cet horrible commerce, que pour fermer les yeux sur leurs attentats les plus notoires et les plus patens ? Cette supposition est d'une telle nature, qu'il semble impossible de l'admettre. Et cependant, Sire ! je dois le déclarer à Votre Majesté, quelque pénible que me soit cet aveu, c'est en France que les abolitionistes ont vu tromper, de la manière la plus cruelle, leurs vœux et leurs espérances ; c'est en France, dans ce pays où nous comptions tant d'amis dévoués à notre cause, que cette cause a reçu les coups les plus douloureux. Des ordonnances ont été publiées, des lois promulguées, condamnant formellement la Traite; mais les ports français sont encombrés de navires négriers; mais ils fourmillent sur la côte d'Afrique; mais l'arrivée de ces coupables navires dans les ports des colonies françaises est librement proclamée dans des annonces rendues publiques. On fait circuler des propositions invitant les spéculateurs à entrer dans cette branche de commerce: il en a été trouvé à bord de navires français dans les possessions les plus éloignées de la France: en France même, des compagnies ont été formées, à l'effet de diviser les capitaux employés à ces criminelles entreprises dans le plus grand nombre de mises possible, et de multiplier par là les parties intéressées, en mettant ces coupables spéculations à la portée d'un plus grand nombre de fortunes. Enfin, la flamme et le fer dévastent de nouveau le continent africain; les gémissemens et les larmes de ses malheureux habitans montent encore vers les cieux, pour implorer vengeance de leurs oppresseurs!....

Comment expliquer de tels faits?....Qu'est devenue cette police française si justement célèbre pour sa vigilance et pour la célérité de ses opérations?....Cette police aux cent yeux, n'en a-t-elle plus lorsqu'il s'agit d'explorer les crimes de la Traite?.....Et ses innombrables oreilles, les a-t-elle bouchées pour ne pas entendre ce que tout le monde sait, ce qu'elle seule paraît ignorer?..Nous ne pouvons croire que le gouvernement Français manque de zèle à faire exécuter les lois ! Et cependant, d'où vient que les lois contre la Traite sont les seules qu'il ne fait pas exécuter ?....Quelle cause assignerons-nous à cet étrange phénomène ?.....

Et néamoins, Sire ! les leçons n'ont pas manqué à ce gouvernement. Il en est une surtout par laquelle il semble que la Providence ait voulu réveiller son énergie et sa sensibilité, et le tirer de sa funeste apathie par l'un de ces effroyables exemples qui donnent, tout d'un coup, la mesure des horreurs auxquelles on doit se préparer en tolérant la Traite, et de la scélératesse des monstres qui se livrent à ce commerce sanglant. Je vais rapporter ce fait horrible : il est d'une telle nature, qu'il frappera d'étonnement et d'horreur ceux-là même que l'attention qu'ils ont portée vers la Traite, a le plus familiarisés avec les crimes de ce fléau, et avec toutes les formes diverses, toutes plus hideuses les unes que les autres, sous lesquelles ces crimes ont coutume de se produire.

Le Rôdeur, navire français de 200 tonneaux, fit voile du Hâvre le 24 Janvier, 1819, pour la côte d'Afrique où il arriva le 14 Mars suivant. Jusque-là, l'équipage qui était composé de 22 hommes, avait joui d'une bonne santé. Il prit à bord 160 Noirs avec lesquels il fit voile pour la Guadeloupe, le 6 Avril. La cargaison, c'est le nom qu'on donne aux malheureux Noirs, la cargaison et l'équipage ne montraient aucun symptôme de maladie ; mais un mal effroyable se développa, lorsque le navire fut sous la ligne.

Les symptômes n'étaient d'abord que d'une nature peu alarmante. C'était une rougeur qui se manifestait aux yeux : limitée aux seuls Noirs, on l'attribua au défaut de renouvellement de l'air dans la cale où ces infortunés étaient entassés, ainsi qu'à la disette d'eau qui commençait déjà à se faire sentir. On était alors rationné à huit onces par jour, et, plus tard, il n'en fut distribué qu'un demi verre. D'après l'avis du chirurgien du bâtiment, on fit monter successivement les Noirs sur le bord, afin de leur faire respirer un air plus pur. Mais un grand nombre de ces infortunés, affectés d'un désir violent de revoir leur pays natal, désir si violent en effet que les gens de l'art l'ont classé, sous le nom de Nostalgie, parmi les maladies qui affligent la race humaine, ne se virent pas plutôt en liberté, qu'ils se précipitèrent dans la mer, en se tenant embrassés les uns les autres. Le capitaine du Rôdeur en fit un effroyable exemple : il en fit fusiller quelques-uns et en fit pendre d'autres, afin d'intimider le reste ; mais cette barbarie fut sans succès, et l'on prit le parti de les enfermer tous à fond de cale. La maladie fut reconnue être une ophtalmie violente. Le mal qui avait fait de rapides progrès parmi les Africains, commença bientôt à attaquer l'équipage.

Le premier homme de l'équipage, atteint par la contagion, fut un matelot qui couchait près de la cale. Dans les trois jours qui suivirent, le capitaine et la presque totalité de l'équipage en furent frappés. Les ressources de l'art furent vainement employées ; les douleurs augmentaient de jour en jour, ainsi que le nombre des aveugles. Un seul matelot avait échappé : c'était leur seule espérance et, cet homme venant à être frappé, il ne leur eût plus été possible de diriger le bâtiment, pour se rendre aux Antilles. C'est ce qui était arrivé à un bâtiment espagnol qu'ils rencontrèrent sur leur route : tout son équipage était devenu aveugle. Ils avaient donc été obligés de renoncer à diriger le navire, et se recommendèrent à la charité du Rôdeur ; mais les gens du Rôdeur ne purent ni abandonner leur bord pour aller sur le bord espagnol, ni recevoir l'équipage de ce navire, le leur étant à peine suffisant pour eux. Depuis on n'a plus entendu parler de ce navire qui se nommait le St. Léon.

La consternation devint générale, mais n'empêcha pas de se livrer à un effroyable calcul. Parmi les noirs, qui étaient devenus totalement aveugles, il y en eut 36 *qu'on jeta à la mer*, pour n'avoir pas à les nourrir en pure perte, puisqu'en cet état déplorable il n'était pas possible de les vendre. Ils avaient encore un autre motif pour commettre cet acte atroce : c'était d'obtenir que la valeur de ces infortunés leur fût intégralement payée par les assureurs de la cargaison. Arrivés à la Guadeloupe, ceux d'entre les esclaves qui avaient survécu, étaient dans un état déplorable. Trois jours après l'arrivée du navire, le seul homme de l'équipage qui avait échappé à la contagion et qui avait pu guider le navire, en fut atteint lui-même. Parmi les Noirs, 39 étaient devenus aveugles ; 12 étaient borgnes ; 14 avaient des taches plus ou moins considérables sur la cornée. Parmi l'équipage, 12 avaient perdu la vue, parmi lesquels était le chirurgien du navire ; 5, dont était le capitaine, avaient perdu un œil ; quatre autres avaient plus ou moins éprouvé les suites de l'ophtalmie. Le 22 Octobre, le Rôdeur retourna au Hâvre.

Tels sont les détails publiés à Paris, d'un voyage fait, en 1819, aux côtes d'Afrique, par un navire négrier français. Et Votre Majesté voudra bien observer, que tous ces détails sont incontestables et dignes de foi ; d'abord, parce que l'auteur à qui nous les devons, M. Guillié, homme digne de foi, oculiste de la Duchesse d'Angoulème, a, peu de tems après, fait insérer, dans le Courier Français, une lettre dans laquelle il déclare qu'il tient toutes ces particularités du capitaine, du chirurgien et des matelots du Rôdeur auxquels il a donné ses soins ; ensuite, parce que ces détails ne sont pas fournis par un ennemi de la Traite dans la vue d'en inspirer l'horreur et d'en arrêter la continuation, mais sont publiés, comme renseignemens de l'art, dans un ouvrage scientifique dans lequel l'auteur n'avait en vue que de rendre compte d'une maladie et d'exposer les remèdes qui lui sont propres. L'article dans lequel est contenue l'histoire du Rôdeur, est intitulé : *Observations sur une Blépharoblénorhée contagieuse.* Il est inséré dans le numéro de Novembre 1819 de " la Bi-" bliothèque Ophtalmologique ou Recueil d'Obser-" vations sur les Maladies des Yeux, faites à la Cli-" nique de l'Institution Royale des jeunes Aveu-

" gles, par M. Guillié, Directeur général et Méde-
" cin en Chef, etc......"

Mais, hélas ! Il n'arrive que trop souvent que nous restons indifférens aux souffrances que nous ne voyons pas. Nul doute que, si les lecteurs de ce drame sanglant, en eussent été les témoins oculaires, leurs âmes se fussent soulevées d'horreur et d'indignation. Et cependant, cette publication ne paraît pas avoir excité une grande sensation à Paris, et, probablement, moins encore au Hâvre; car, dès l'année suivante, le Rôdeur partit pour un second voyage, commandé par le même capitaine, et, sans être retenu par la vengeance terrible dont la divine Providence venait de punir ses forfaits, alla de nouveau porter le ravage sur les rives africaines. Quoiqu'il en soit, les faits sont établis d'une manière indéniable, et la postérité aura peine à croire qu'en 1819, le Rôdeur fit voile de l'un des ports les plus populeux et les plus commerciaux de France ; après avoir exécuté son coupable voyage, en débarqua les fruits criminels dans la plus considérable des colonies françaises ; de là revint en France avec les misérables débris de son coupable équipage, et rejetta sur le territoire français ces scélérats portant en tous lieux avec eux les marques de la justice divine, de manière à être partout reconnus. Et c'est en 1819 que tout cela s'est fait à la face du monde !..c'est-à-dire douze ans après que l'Angleterre avait aboli ce criminel commerce, huit ans après qu'elle l'avait déclaré crime de félonie et puni de la peine de la déportation, quatre ans après que la France elle-même, d'abord par un traité solennel, ensuite par une loi, le tout confirmé par une lettre écrite de la propre main de son souverain, avait décrété son abolition immédiate et définitive!....

Le fait est si étonnant par lui-même, que Votre Majesté aura peine à y ajouter foi. Cependant, je pourrais mettre sous les yeux de Votre Majesté des exemples de cruauté d'une nature encore plus atroce, et c'est dans la Traite française que je les puiserais. Mais à quoi serviraient de nouv aux détails à cet égard? Il est une vérité dont conviendront sans peine tous ceux qui ont considéré attentivement ce vaste sujet, c'est que toutes les cruautés, quelqu'horribles qu'elles soient, que peut enfanter la Traite, ne sont rien en comparaison des maux que les dévastations de cette Traite abominable produisent en Afrique même ; et l'on doit placer, en première ligne, cette insurmontable barrière d'anarchie et d'ignorance, par laquelle la Traite intercepte tous les rayons de la religion et de la morale, et les empêche de pénétrer dans l'intérieur de ce malheureux continent par le seul canal possible, les communications avec les nations civilisées.

Il est impossible de croire qu'un commerce qui abonde en indignités de l'espèce de celles que nous venons de décrire, fût souffert plus longtemps en France, si l'attention publique était convenablement provoquée sur cet objet. Loin de nous l'idée que des gains sordides et des bénéfices pécuniaires, aient pu paraître à une froide politique, compenser suffisamment tant de cruautés et de crimes ! Sans doute, de telles idées n'ont pu entrer dans la pensée de ministres éclairés, et surtout de ministres français.

Parmi les accusations dont la France a souvent été l'objet, celles d'avidité commerciale et d'un vil amour du gain, ne sont pas même entrées dans la pensée de ses plus implacables ennemis. On a dit de la France, que le génie des armes et l'amour de la gloire militaire l'avaient détournée de toute autre ambition, et l'avaient même rendue insensible aux avantages résultant du commerce. Cette opinion parut, en quelque sorte, confirmée par une expression célèbre qu'employait fréquemment le chef du dernier gouvernement français. On sait qu'il reprochait aux Anglais de n'être *qu'une nation boutiquière*. Au contraire, un de nos hommes d'état, un écrivain Anglais avait appelé la nation française une *nation chevaleresque*. Si nous lisons l'histoire des guerres de la révolution française, nous trouverons ce caractère national empreint encore sur chacune de ses pages. Nous verrons que la générosité et la valeur française n'ont jamais été plus brillantes, les victoires de ce peuple jamais plus éclatantes que dans cette période ; nous verrons qu'alors une multitude de causes avaient contribué à répandre l'esprit guerrier dans toute la population française. Quels que soient les changemens qu'aient pu subir le caractère originel de ce peuple, ces changemens n'ont pas été de nature à faire présager qu'il contracterait des habitudes bassement mercantiles. Certes, nul n'eût pu croire que l'avidité commerciale fût, tout à coup, devenue si extrême dans cette nation, qu'elle se fût précipitée, avec une coupable ardeur, dans une carrière lucrative mais déshonorante, que les autres nations ont cru devoir abandonner par des considérations de justice et de morale.

Ce n'est pas que je prétende accorder qu'en supposant les bénéfices commerciaux le but principal des négocians de France, et des propriétaires des bâtimens français, la Traite est le moyen qui leur offre, dans cette hypothèse, le plus de chances de gain. On ne saurait mettre un instant en doute, en considérant l'immense étendue du continent Africain, sa vaste population, la variété des innombrables productions de son climat et de son sol, qu'on ne pût tirer d'un commerce légitime avec l'Afrique, infiniment plus d'avantages que de la Traite des esclaves.

Ainsi la question pour les négocians de Nantes et du Hâvre, n'est pas de savoir s'ils continueront le commerce des esclaves, ou s'ils cesseront tout commerce avec l'Afrique. Il s'agit de savoir s'ils veulent entreprendre avec l'Afrique un commerce véritablement digne de ce nom, un commerce conforme à la justice, à l'humanité, aux progrès de la civilisation ; un commerce dont les bénéfices doivent sans cesse augmenter, et auxquels il est impossible d'assigner des bornes ;—ou si, dédaignant le champ immense qui s'offre à leurs spéculations commerciales, ils aiment mieux y renoncer, et continuer le détestable trafic des esclaves, aujourd'hui que toutes les abominations de ce trafic ont été dénoncées à l'univers. Qu'ils y prennent garde!.... Tant d'horreurs attireront infailliblement la vengeance divine, ou plutôt, j'en ai l'intime conviction, ce criminel commerce deviendra bientôt, en France, l'objet d'une haine et d'une indignation si générale, qu'il finira par succomber sous les efforts combinés de tous les hommes humains et religieux; et alors il faudra bien qu'ils l'abandonnent, à la différence qu'ils peuvent aujourd'hui en faire le sacrifice de bonne grâce, et qu'alors, ce sacrifice étant forcé, les couvrira de remords et de honte.

Mais je le demande à tout Français humain et loyal, et, d'avance je suis sûr de leur réponse, quand bien même les bénéfices de la Traite seraient aussi considérables qu'on affecte de le croire, ces bénéfices pourraient-ils compenser la honte qui planerait infailliblement sur le caractère national? Car l'infamie attachée à la Traite retombe sur la nation qui la tolère. Quel ample sujet de réflexions pour tous les Français attachés à la gloire de leur pays, et à qui l'honneur du gouvernement et de son auguste chef n'est point indifférent? Comment ces hommes peuvent-ils supporter l'idée de l'étrange contraste que la France et la Grande-Bretagne offriront, sur cet important objet, dans les pages de l'inexorable histoire. N'entendent-ils pas d'avance le langage de l'équitable postérité? "L'Angleterre," dira-t-elle, "tant qu'elle ignora la nature et les effets "de cette Traite cruelle, fut l'une des plus ar- "dentes à la pratiquer; mais à peine son carac-

" tère véritable lui est-il connu, elle emploie " tous ses efforts à expier envers l'Afrique les " maux qu'elle lui a causés sans avoir la con- " science de son crime ; elle épuise ses trésors, " elle multiplie ses offres, (à la France elle-même, " en argent et en territoire,) à l'effet d'indemniser " le commerce des autres nations, des pertes que " la suppression de la Traite pourrait lui faire " éprouver. La France, au contraire, s'élance avec " une criminelle ardeur dans cette horrible car- " rière que le remords fait abandonner à l'Angle- " terre et aux autres nations. L'Angleterre s'efforce, " à grands frais, de répandre les arts et les bien- " faits de la civilisation sur ces rivages africains " naguères l'affreux théâtre des crimes de la Traite ; " elle bâtit des villages, élève des écoles et, d'une " main libérale, jette sur cette terre désolée les " semences sociales ; déjà elle commence à voir " récompenser ses philantropiques efforts, et déjà " les prémices d'une moisson abondante viennent " réjouir ses regards. Quant à la France, elle s'oc- " cupe à déverser la désolation sur les provinces " que la paix lui a rendues sur la côte d'Afrique ; à " son aspect, à l'aspect de ses coupables agens, la " fertilité et le bonheur s'enfuient devant l'anar- " chie et la dévastation, et ces mêmes rivages " qui présentaient l'image d'un nouvel Eden, " n'offrent plus aux regards qu'un désert désolé."

Se peut-il que l'ancienne noblesse de France, cette noblesse qui se dit le boulevard du trône, supporte avec calme l'humiliante comparaison que ses ennemis ne manqueront pas de faire entre la conduite d'un gouvernement monarchique et celle tenue par des états républicains ? En effet, sans parler de la Grande-Bretagne, partout où la voix du peuple s'est fait entendre aux Etats-Unis d'Amérique, à Buénos Ayres, dans la république de Colombia, au Chili, au sein des Cortès Espagnoles, partout cet injuste et sanglant commerce a été abjuré avec indignation ; tandis que la France, rendue à l'antique race de ses rois, dans un tems où sa politique doit nécessairement partager de la nature et du caractère d'une royauté légale et constitutionnelle, la France voit ses sujets exercer, avec activité et de notoriété publique, cette même Traite que condamnent ses lois ; de sorte que le gouvernement Français pourrait être accusé de protéger ces criminelles entreprises, comme profitables au commerce français, et encourir conséquemment, quoique bien à tort nous aimons à le croire, un reproche de connivence avec les fauteurs obstinés de ce commerce horrible.

Vous êtes sensibles, dites-vous, à tout ce qui intéresse l'honneur de la France, vous avez déploré le voile de honte dont les crimes de quelques révolutionnaires ont couvert, pendant une époque courte mais horrible, la patrie ensanglantée ; et vous oubliez que les atrocités de la Traite sont, sans comparaison, beaucoup plus horribles dans leurs affreuses circonstances et bien plus immensément funestes dans leurs effets, que les plus abominables d'entre les crimes que vous déplorez.

Il faut du moins rendre justice aux grands criminels de la révolution ; c'étaient de hardis scélérats, mais non des hypocrites. Ils n'ont jamais prétendu au titre de chrétiens. Dans la guerre impie qu'ils avaient déclarée aux hommes, ils avaient enveloppé l'Eternel lui-même, et ne lui demandaient rien. Ils étaient poussés au crime par le plus redoutable de tous les stimulans, les fureurs et les haines de parti: ayant la conscience des dangers qu'ils couraient et du châtiment qui les attendait, leurs âmes étaient dans un état perpétuel de délire et dans la folie du désespoir. Les objets de leurs cruautés, c'étaient leurs ennemis politiques: ils les combattaient avec acharnement et à outrance ; ils les traitaient, comme ils s'attendaient à en être traités, sans pitié, sans miséricorde. Dans la nature même de leurs forfaits, il y avait un gage de leur peu de durée. Ils n'avaient point de sobriété dans leur système : ils n'avaient pas même coordonné un système. Il serait donc injuste de faire entrer leurs crimes en parallèle avec ceux des négriers. Ces derniers froidement combinés, sont le résultat de spéculations mercantiles. Et sur qui sont commis ces crimes ? Il ne faut pas l'oublier, c'est sur des individus inoffensifs que les agens de la Traite vont chercher dans un pays éloigné. La force et la ruse sont employées, tour à tour et à la fois, contre ces déplorables victimes de l'avarice du négrier qui, calculant tranquillement les bénéfices de son crime, se propose, de sang froid, de fonder sur la base du vol et de l'homicide, son système commercial. Sans doute, c'est un spectacle qui fait horreur, que le spectacle de ces bourreaux athées blasphémant et renonçant la Divinité. Mais il y a quelque chose de plus affreux encore aux regards de tout esprit éclairé; c'est ce démenti pratique et journalier donné à la providence d'un Dieu bon et paternel, en bravant froidement et systématiquement sa vengeance, par la continuation d'une Traite reconnue pour la violation la plus manifeste de ses lois. L'athée le plus opiniâtre peut être éclairé, le plus grand criminel peut se repentir et être pardonné ; mais que dirons-nous de ces hommes qui, reconnaissant l'autorité divine et l'énormité de leur crime, déclarent, néanmoins, que ce crime tout flagrant, tout cruel qu'il est, est trop lucratif pour qu'ils en abandonnent l'exercice ?

Il est une réflexion, surtout, qui doit éveiller la honte et l'indignation dans le cœur de tout Français sensible à l'honneur national ; c'est que, tant que la France refusera d'entrer dans les mesures de réciprocité que plusieurs nations de l'Europe ont adoptées pour la suppression efficace de la Traite, le drapeau blanc servira de protection à tous les pirates et à tous les aventuriers de l'univers, comme le plus propre à leur garantir l'exécution et l'impunité de leurs criminelles entreprises. Ainsi ce pavillon d'une nation grande et valeureuse, ce pavillon que les opprimés ne doivent jamais réclamer en vain, se verra associé à tous les crimes, et deviendra l'emblême naturel de l'injustice et de la cruauté.

Pour expliquer cet inexplicable manque de zèle qu'on remarque en France, en ce qui concerne l'abolition de la Traite, on a dit en Angleterre, bien que la chose soit à peine croyable, que des tentatives ont été faites, non sans quelques succès, pour intéresser dans cet important sujet, l'orgueil national du peuple français, et nuire à la cause des abolitionistes, en soutenant qu'abolir la Traite, ce serait, pour la France, se soumettre à l'influence et à la volonté de la Grande-Bretagne.

S'il se trouvait quelques hommes que de pareilles idées eussent pu séduire, je leur dirais que c'est à juste titre que nous nous efforçons d'engager les autres nations à renoncer à cet infâme commerce, car ce nous est un devoir d'en agir ainsi, ne pouvant oublier que, dans cette pratique coupable, notre exemple a pu en égarer bien d'autres. Après avoir enfin découvert la criminalité et la cruauté de ce commerce destructeur, un renoncement solitaire et silencieux eût-il suffi à acquitter notre conscience? Les autres peuples, ignorant encore le vrai caractère de la Traite, ne pouvaient-ils pas naturellement occuper la place que notre retraite laissait vacante? Et alors, en quoi, je le demande, le sort de la malheureuse Afrique eût-il été changé? Sans doute, c'était pour nous un devoir sacré de prendre l'initiative, et de proclamer, à la face du monde, la criminalité de notre conduite antérieure, afin d'égaler au moins le repentir au crime, afin de donner à nos mesures réparatrices l'activité et l'éclat qu'avaient eus nos torts envers la malheureuse Afrique.

Lorsque, dans ces circonstances, animés par des motifs aussi purs et aussi généreux, nous cherchâmes autour de nous des appuis pour nous seconder, c'est dans la France, d'abord, que nous conçûmes l'espoir d'en trouver. Mettons de côté tout préjugé: cette confiance de la Grande-Bretagne n'était-elle pas honorable pour la France? Nous nous rappellions que c'était à un Roi de France qu'étaient dues ces belles paroles: " Si la vérité et la vertu " étaient exilées du reste de la terre elles devraient se " réfugier dans le cœur des Rois!" Nous pensions que le Souverain actuel de la France, instruit à l'école de l'adversité, avait pu apprendre dans ses redoutables enseignemens, non moins que dans la générosité naturelle de son caractère, quel haut prix est attaché à la sublime prérogative de faire le bien. Il était naturel de penser que lui et plus encore sa famille, victimes de l'oppression, trouveraient dans leur cœur la sensibilité nécessaire pour compatir au destin des malheureux Africains, victimes, comme eux, du crime triomphant. La conduite, du Monarque Français dans cette circonstance, semblait lui être naturellement tracée. Délivré de ses puissans ennemis, par les mains d'une Providence protectrice, et rétabli par elle sur le trône de ses pères, quel plus digne tribut de reconnaissance pouvait-il offrir à l'Eternel, que de sécher les pleurs de l'infortune, q ue de briser les chaînes de l'injustice et de l'oppression?

Tels étaient les sentimens qui animaient le Monarque actuel de la Grande-Bretagne, lorsque, dans la lettre qu'il adressa, à ce sujet, au Roi de France, il le supplia avec toute la confiance de l'amitié, de se joindre à lui dans cet acte véritablement royal, dans cet acte de justice et d'humanité, le conjurant de lui procurer de toutes les joies la plus délicieuse et la plus pure, en s'unissant à lui pour effacer, du caractère de la chrétienté, cette souillure honteuse et déplorable qui le déshonore. Le Roi de France répondit, et sa réponse, on n'en peut douter, fut conçue dans le même esprit de franchise. Il déclara, dans sa lettre, qu'il était disposé à s'unir au Monarque de la Grande-Bretagne, dans toutes les mesures qui auraient pour but d'assurer le repos et le bonheur du genre humain, et particulièrement en contribuant à l'extinction d'un fléau qui ne tendait à rien moins qu'à la destruction de l'espèce humaine. Dira-t-on que le Roi de France fit alors parade d'une humanité qui n'était point dans son cœur? Dira-t-on qu'au lieu d'obéir à l'impulsion de sa propre sensibilité, il ne cédait, alors, qu'à une influence étrangère?....Certes, une pareille idée n'a jamais pu entrer dans la tête d'aucun Anglais. Si ceux d'entre les Français à qui je me suis spécialement adressé dans ces dernières pages, avaient pu concevoir une telle pensée, je leur dirais: " Examinez bien ce que vous imputez à votre Souverain, à l'objet de votre royalisme et de votre affection!"....Certes, nous ne pouvons croire qu'il soit considérable le nombre de ces Français qui, lorsque nous les invitions à se joindre à nous de cœur et d'âme, dans l'intérêt de notre grande et glorieuse cause, ont interprété notre démarche d'une manière si erronnée, que de s'imaginer que nous prenions avec eux le ton d'une supériorité morale. Cette absurde accusation ne peut être considérée que comme un déplorable reste de cet esprit d'hostilité qui a si long-tems divisé les deux nations anglaise et française, et qui n'a pu encore totalement faire place à de plus doux sentimens, à ces sentimens d'amitiés et de fraternités nationales qui n'ont cessé d'animer les avocats de l'Afrique dans toutes leurs communications avec les peuples étrangers. Et qu'on ne croie pas que, par ces mots, je prétende faire un grand mérite à mes compatriotes de leur philantropie. Grâces au Ciel, nous sommes arrivés à une époque, nous vivons dans un tems où la philantropie fait partie de l'économie politique elle-même. Chacun sait, ou est à portée de savoir que la prospérité d'un pays profite à tous les autres, qu'au lieu de fonder leur élévation et leur félicité sur l'oppression et le malheur des autres, chaque peuple est intéressé aux progrès et au bien être de tous. Ces idées ne sont pas le résultat des émotions souvent passagères du cœur humain ; ce sont des principes stables et fixes que l'expérience a confirmés ; c'est une émanation de cette haute sagesse, de cette bonté divine qui préside aux mouvemens et à tout l'ensemble du système moral de l'univers.

Ah ! fussé-je animé par cette injuste haine contre la France, que doivent m'imputer ceux dont je combats, en ce moment, les absurdes accusations ; fussé-je assez lâche pour souhaiter, entre nos deux nations, une autre rivalité que cette honorable émulation par laquelle deux peuples généreux luttent de vertu et d'honneur ; au lieu de conjurer la France de concourir avec nous au grand ouvrage de l'abolition de la Traite, je devrais m'applaudir de voir la nation française courir cette carrière coupable que le remords et la honte ont fait abandonner aux autres peuples.

Mais, si l'Angleterre a été calomniée en France, la France, à son tour, a été calomniée en Angleterre. En effet, on nous a dit, (et j'aime à croire que la calomnie seule a pu inventer de tels bruits,) on nous a dit qu'en France certains personnages d'un haut rang et jouissant d'une grande influence politique, possesseurs de propriétés coloniales, ou ayant des relations d'intérêt dans les ports français où la Traite est exercée avec le plus d'activité, n'ont pas eu honte de voiler les horreurs de ce commerce profanateur, et même d'en protéger la continuation. On ajoute que les restrictions mises à la liberté de la presse, lesquelles n'avaient, en apparence, pour but, que de mettre le peuple à l'abri du blasphême et des provocations séditieuses, ont été employées à l'indigne usage de tenir la nation française dans l'ignorance du caractère véritable de ce commerce injuste et cruel. Mais, sans doute, il n'en peut être ainsi. Sans doute, c'est une des calomnies répandues à dessein par les ennemis de la nation française. J'ose l'espérer, les hommes que la Providence a placés dans un rang élevé, n'oublieront pas à ce point le soin de leur honneur et les devoirs qui leur sont imposés. Ils se rappelleront qu'ils ont été investis de l'honorable emploi d'être les précepteurs et les bienfaiteurs de leur patrie. Puissent-ils reconnaître enfin la véritable destination à laquelle ils ont été appelés ! Puisse leur conduite à venir nous prouver victorieusement que le gouvernement français remplit avec joie les devoirs qui lui sont imposés par tant d'obligations sacrées.

Sire ! qu'il soit permis aux amis de l'Afrique de s'adresser, dans cette circonstance, à Votre Majesté, comme principal garant des saintes obligations contractées à Vienne et ratifiées à Aix-la-Chapelle. Votre Majesté a proclamé, à la face du monde, sa ferme croyance aux saintes vérités du christianisme, et son respect pour ce livre divin où l'homme lit la charte de son bonheur et de son immortalité. Si, parmi les parties contractantes, il s'en trouvait qui considérassent ces déclarations comme des formules de diplomatie, et qui, faisant profession publique de respect pour la religion, déclinassent en secret sa divine autorité, certes, Votre Majesté ne saurait être de ce nombre. En Angleterre, du moins, les amis du christianisme aiment à croire que vos déclarations religieuses ne sont point un vain langage dicté par la politique, mais bien l'expression de votre conviction intime, l'acte spontané de votre conscience, et la règle constante de votre vie. C'est là que nous plaçons notre espoir. Nous ne doutons pas un moment que les lois de Dieu, les droits et le bonheur du genre humain, la religion, la justice, l'humanité, la bonne foi, et tous les sentimens les plus sacrés ne se présentent à l'esprit de Votre Majesté, comme autant de motifs qui l'engagent à prêter avec ardeur son aide et ses secours à l'accomplissement de cette grande œuvre de miséricorde.

Mais, si Votre Majesté me permet de lui parler sans détour et avec toute la franchise que me prescrit l'intérêt de cette sainte cause, je lui déclare que, dans cette circonstance, le choix ne lui est point laissé. D'après les principes seuls du christianisme, il vous est défendu de fermer l'oreille aux cris des victimes de l'oppression ; mais les stipulations d'un traité solennel obligent, en outre, Votre Majesté à accomplir la promesse qu'elle nous donna à Vienne. Votre Majesté n'est point intéressée, personnellement, dans ce grand débat. Cette circonstance est la plus favorable de toutes, puisqu'elle vous permet de prendre, au milieu des parties contractantes, le caractère de médiateur, et de juger dans cette grande cause pendante au tribunal de la nature et de la religion. S'il était possible que Votre Majesté se crût dispensée de remplir ses engagemens à cet égard, sous prétexte qu'elle n'a aucun intérêt personnel à les violer ou à les remplir, je vous dirais que c'est la volonté de Dieu que vous les remplissiez, dans toutes les hypothèses, avec le même zèle et le même respect. Quel triomphe pour les ennemis des Monarques légitimes ! « Eh ! « quoi, » diraient-ils, « si l'une des clauses des « traités de Vienne, relatives aux cessions ou aux « délimitations de territoire, eût été violée, à l'ins- « tant même on eût fait connaître cette violation, « et on eût exigé une réparation prompte, immé- « diate. Mais le bonheur et la civilisation de près

« d'un tiers du globe habitable, ne sont-ils donc « pas d'un intérêt aussi grave aux yeux de ces Mo« narques qui proclament les principes du chris« tianisme comme la règle constante de leur con« duite ?" Et en effet, de pareilles accusations, si elles étaient prouvées vraies, ne justifieraient-elles pas l'opinion de ceux qui n'ont vu, dans cette association de Rois, connue sous le nom de *Sainte Alliance*, qu'une combinaison de vues politiques trop manifestes, et maladroitement déguisées sous le masque de la religion ? Quel sujet de chagrin et de honte pour les véritables amis du christianisme, que de voir la religion ainsi profanée !

Mais, je le répète, nous ne pouvons nous arrêter, un seul instant, à de pareils soupçons, et c'est avec l'espoir le plus fondé et la confiance la plus entière, que nous supplions Votre Majesté d'interposer sa médiation, particulièrement en ce qui concerne la France. Cette demande, nous la faisons à Votre Majesté dans toute la sollicitude de notre cœur. Mais ce n'est pas à l'égard de la France seule, que nous invoquons votre médiation ; nous l'invoquons également à l'égard des autres Puissances européennes auxquelles Votre Majesté s'est associée pour délivrer l'Afrique de ses oppresseurs. Jamais l'intervention de Votre Majesté ne fut plus urgente. Le nouveau point de vue sous lequel la question se présente, a beaucoup accru les difficultés. Quand il ne s'agissait que d'obtenir des diverses Puissances, qu'elles prohibassent, par des lois, un commerce qu'elles avaient solennellement condamné de la manière la plus énergique, comme empreint d'injustice et de cruauté, et qu'elles s'étaient engagées à abolir, par un traité solennel, il n'était pas difficile d'obtenir un acquiescement dont le refus eût été une violation par trop manifeste des principes les plus communs du bon sens et de la probité.

Mais, prohiber par des lois et permettre par le fait ce commerce criminel, opposer au mal des mesures telles qu'elles sont insuffisantes pour sa répression, que dirons-nous d'une semblable conduite ? N'est-elle pas, de toutes, la pire et la plus funeste ? Votre Majesté, sans doute, fera comprendre aux diverses Puissances contractantes, combien leur conduite actuelle les expose à cette imputation, quelqu'injuste qu'elle puisse être dans le fait. Il n'est pas nécessaire d'indiquer à Votre Majesté les moyens dont elle peut se servir pour rendre à la cause de l'humanité cet important service. Hélas ! Votre Majesté ne les connaît que trop bien. Qu'elle suive l'impulsion de sa conscience ; qu'elle obéisse seulement aux mouvemens de son cœur ; qu'à ses démarches préside cette énergie que donne la conscience, qu'assurent les sentimens généreux, et tout ira bien. La justice, l'humanité, la bonne foi, la saine politique et, par dessus tout, la religion, vous prêteront leur auguste et irrésistible appui. J'ai dit la religion : et en effet, ce n'est pas ici l'occasion de mettre en avant ces distinctions théologiques qui divisent malheureusement l'église chrétienne. Toutes les communions chrétiennes s'accordent à condamner la fraude, le vol, le brigandage et l'homicide : toutes s'accordent à commander la paix et la charité envers tous les hommes : toutes nous ordonnent d'employer au bonheur de nos semblables, non à perpétuer leur ignorance et leur infortune, les dons et les facultés qu'il a plu à l'Eternel de nous départir.

Pour ce qui est des considérations politiques, nous trouvons dans les événemens qui se pressent chaque jour d'éclore, la confirmation des hautes leçons que l'histoire nous a transmises dans chacune de ses pages. Tout doit nous convaincre, qu'abstraction faite de toute considération de justice ou d'humanité, celui-là s'abuserait étrangement qui, dans l'époque actuelle, prétendrait élever l'édifice d'un commerce national et d'une puissance coloniale, sur une base composée de matériaux de la nature de ceux que fournit la Traite. Insensé !.... lui dirions-nous, ne voyez-vous pas les Etas-Unis d'Amérique affranchir leurs esclaves par milliers ! Ne voyez-vous pas, dans la dernière guerre, l'Angleterre appeler à la liberté les esclaves de leurs ennemis ! Ne voyez-vous pas, surtout, Haïti prendre, de jour en jour, une attitude plus imposante, capable de déconcerter tous les projets politiques de ses ennemis ! N'entendez-vous pas mugir les feux souterrains de cette île volcanique ! Ce bruit redoutable est le présage de nouvelles éruptions aux ravages desquelles l'œil ni la pensée ne peuvent assigner de limites ! Et c'est dans de telles circonstances, que des hommes d'état, qui n'ont pas perdu l'usage de leur raison, prétendent voir une combinaison avantageuse dans l'établissement de colonies trans-atlantiques dont la population serait fournie par la Traite ! ....

Mais j'ai honte de parler de considérations politiques, quand la voix du devoir et le cri de la conscience se font entendre si hautement. Ah ! Sire ! adressez vous aux ministres des Puissances contractantes au Congrès de Vienne. Adjurez-les de remplir les engagemens qu'ils ont contractés! Dites-leur qu'ils trahissent notre noble cause, en mettant tant de tiédeur, et en employant des moyens si faibles et si inefficaces, dans l'abolition de la Traite. Dites-leur qu'une telle froideur équivaut à un abandon total de la cause qu'ils s'étaient engagés à défendre, et n'est pas moins criminelle. Quant à moi, je le déclare, quand je jette les yeux en arrière, et que je considère tout ce qui a déjà été fait pour cette grande cause, je ne puis m'empêcher de croire que ce fléau dévastateur touche à sa fin. Les lumières qu'on a jetées sur cet horrible trafic, la connaissance universelle de la cruauté et de la criminalité qui y sont attachées, les événemens qui se passent sous nos yeux, les circonstances tant physiques que morales de l'époque où nous vivons, tout concourt à me persuader que nous touchons au moment de voir la suppression totale et définitive de cette horrible violation des lois de la justice et de l'humanité. Cependant, la Traite se continue encore ; et dût-elle bientôt complettement cesser, elle aura du moins continué assez, pour accuser dans la postérité et couvrir d'une ineffaçable infamie, ceux qui lui auront résisté avec tant de faiblesse, et qui auront mis si peu de zèle à sa suppression. Ceux-là, surtout, qui ont participé à la mémorable déclaration de Vienne, et qui n'en ont pas moins continué d'être sourds aux commandemens de la religion, du devoir et de la morale, qui n'en ont pas moins foulé aux pieds l'humanité et la foi des sermens, ceux là, dis-je, ne peuvent avoir oublié la part qu'ils ont prise alors à une entreprise qui s'annonçait sous des auspices si honorables. Ils se rappellent l'acte solennel dans lequel ils déclaraient vouloir laisser, dans l'abolition de la Traite, un monument impérissable à la postérité. Ce monument existera en effet: il existera ; mais il portera une inscription bien différente de celle qu'il eût dû porter. Cette inscription, au lieu de retracer, en caractères immortels, l'imperturbable persévérance de ces Monarques dans l'accomplissement des devoirs qu'ils avaient contractés à la face de Dieu et des hommes, transmettra à la postérité la plus reculée, les titres de leur honte ; les plaintes de la justice et de l'humanité admises d'abord, puis, ensuite, indignement foulées aux pieds ; les engagemens les plus saints, les sermens les plus sacrés mis en oubli ; les intérêts du genre humain immolés à des intérêts commerciaux de peu d'importance et plus qu'équivoques ; tandis qu'une nation soupçonnée de tout sacrifier à ses spéculations mercantiles, n'avait pas fait difficulté de renoncer à ce cruel commerce, en s'accusant d'y avoir participé trop long-tems, et en le dénonçant à la haine et à l'exécration des peuples civilisés.

Sire ! puisse l'Eternel bénir les efforts de Votre Majesté !......Dans les travaux que vous allez entreprendre, songez que vous défendez une cause, digne des regards de la Divinité !....La paix, la charité envers tous les hommes, voilà les bases sur lesquelles elle s'appuie !.....Ah ! tous les cœnrs des gens de bien vont vous suivre ! De tous les points de l'univers, leurs vœux et leurs espérances vont accompagner vos pas, et seconder vos efforts ! Surtout, Votre Majesté trouvera dans son propre cœur, dans le témoignage de sa conscience, une récompense bien douce de ses philantropiques travaux : mais une récompense plus chère et plus solennelle leur est destinée, dans ce jour où les mystères de la Providence seront révélés ; où Dieu apparaîtra sans voile aux regards des hommes ; où comparaîtront, confondus devant le même tribunal, les sujets et les rois accompagnés seulement du cortége de leurs actions ; où, enfin, l'injustice et la cruauté auront pour jamais cesse de désoler la terre.....

J'ai l'honneur d'être, avec le respect et
l'attachement les plus sincères,

SIRE,

de Votre Majesté,

le très-humble et obéissant serviteur,

WILBERFORCE.

Imprimé par G. Schulze,
13, Poland Street.

www.ingramcontent.com/pod-product-compliance
Ingram Content Group UK Ltd.
Pitfield, Milton Keynes, MK11 3LW, UK
UKHW020406230726
13925UKWH00003B/1284